비즈니스 일본어

7

이 저서는 2017년 정부(교육부)의 재원으로 한국연구재단 대학인문역량강화사업(CORE)의 지원을 받아 수행된 저서임

비즈니스 일본어 7

박영숙 지음

머리말

　오랜 동안 대학에서 일본어를 강의하며 대부분 학문 관련 전공과목을 담당해 왔다. 그러나 대학도 취업을 준비하는 학생에게 도움이 될 실용성이 있는 과목 강의의 필요성을 느끼게 되었다. 이에 일본과의 상업 교류를 주 목적으로 하는 여러 사람을 대상으로 한 교재를 준비하게 되었다.

　본 교재는 일본과 비즈니스를 하는 실무자와 취업을 준비하는 분을 대상으로 했다. 비즈니스에서 사용되는 경어 중심의 표현이 주이지만 초급 이상의 일본어를 학습한 사람이면 누구나 일본인과의 자연스러운 회화를 익힐 수 있을 것이다. 또한 일본과의 비즈니스에서 이루어지는 상황 별/패턴 별로 15과로 구성하였고 필요한 용어 등은 부록으로 첨가하였다.

　부디 이 책이 필요로 하는 이들에게 많은 도움이 되기를 기대하며 출판에 많은 도움을 주신 박 미현 선생님, 김 찬수 군에게 감사의 마음을 전한다. 그리고 출판 지원을 해주신 부경대학교 코어 사업단 여러분께도 감사드린다.

2017년 11월

박 영숙

목 차

01
첫 대면

釜慶産業の朴永浩と部下の李敏哲がサップルをもって日本の大阪産業へ訪問する。

부경산업의 박영호와 부하인 이민철이 샘플을 가지고 일본의 오사카산업을 방문한다.

朴 ： 初めまして。釜慶産業の朴と申します。(명함을 건넨다)

木村： 頂戴します。大阪産業の木村でございます。(명함을 건넨다)

朴 ： 頂戴いたします。木村様でいらっしゃいますね。

李 ： 李と申します。(명함을 건넨다)

木村： 木村です。恐れ入りますが、お名前はどのようにお読み

すれば宜しいですか。

李 ： 敏哲です。どうぞよろしくお願いします。

木村： イ・ミンチョル様でいらっしゃいますね。こちらこそ

どうぞ宜しくお願い致します。

産業	산업
訪問	방문
宜しい	좋다(いい 겸양어)
初めまして	처음 뵙겠습니다
～と申す	～라고 합니다 (～と言う의 겸양어)
頂戴する	받다 (もらう의 겸양어)
～でございます	～입니다 (です의 겸양어)
～でいらっしゃる	～입니다(～です의 존경어)
恐れ入る	송구합니다 (すみません보다 정중한 말)
お読みする	읽다 (読む의 겸양어)
こちらこそ	이쪽이야말로
お願い致します	부탁드립니다 (お願いします보다 더 정중한 표현)
どうぞよろしくお願いします。	잘 부탁드립니다
サップル	샘플
どのように	어떻게

1 ～でございます

ございますは ござる에 ます가 붙은 형태로, ござる의 경어체이다. 그러므로 명사 혹은 형용동사(형용사) 와 접속하여~でございます로 사용될 경우는~입니다로 해석이 된다. 그러나 명사와 접속하여~がございます로 사용될 경우는~있습니다 로 번역이 된다.

① ここはしずか**でございます**ね。
   여기는 조용합니다.

② 注文書**がございましたら**お願いします。
   주문서가 있으면 부탁드리겠습니다.

2 こちらは

こちらは 방향을 나타내며 이쪽이란 뜻이지만 사람을 의미하기도 한다.

① **こちらは**受付です。
   이쪽은 접수처입니다.

② **こちらは**田中さんです。
   이 분은 田中씨입니다.

③ 宜しくお願い致します

회화에서는 간단히 よろしくお願いします로 말하기도 하고 친한 관계라면
よろしく만으로도 말하기도 한다.

① これから**宜しくお願い致します**。
이제부터 잘 부탁드리겠습니다.

② 支払期日は毎月末となっておりますので**宜しくお願いします**。
지불기일은 매달 말일이므로 잘 부탁드립니다.

③ あしたは急用で出勤できないので**宜しく**。
내일은 급한 용무로 출근 못하니까 잘 부탁해.

④ 頂戴します

받는다는 의미의 頂戴する에 ます가 접속된 형태이고 같은 뜻으로 사용되
는 것에 頂きます가 있다.

① この製品のサンプルを**頂戴したい**と思いますが。
이 제품 샘플을 받고 싶습니다만.

② 売り上げ金は確かに**頂戴致ました**。
매상금은 분명히 받았습니다.

5　～と申します

말하다 言う의 겸양어인 申す에 ます가 접속된 형태이다.

① 最近景気がよくなったとは**申しましても**庶民経済はまだきびしく感じます。
요즈음 경기가 회복되었다고는 하지만 서민경제는 아직 힘들게 느낍 니다.

② 何と**申しましても**健康が大事ですね。
뭐라 해도 건강이 중요하지요.

③ この前**申した**ように明日から一週間出張です。
이전에 말씀드린 대로 내일부터 일주일 출장입니다.

6　差し上げましょう

あげる의 겸양어 差し上げる에 ましょう가 접속한 형태로 ましょう는 일반적으로
～합시다의 의미로 사용되나～하겠습니다의 부드러운 표현으로 사용하기도 한다.

① 宜しかったらサンプルを**差し上げましょう**。
괜찮으시다면 샘플을 드리겠습니다.

② 必要でしたら依頼状を**差し上げましょう**。
필요하시다면 의뢰 장을 드리겠습니다.

⑦ 頂きます

もらう의 겸양어 頂く에 ます가 접속된 형태이다. 기본적으로는 명사+頂く 의 형태로 사용되어 실질적인 물건을 받는 의미이다. 그러나 동사+頂 く의 형태로 상대방으로부터 동작을 받는다는 의미로도 사용된다.

① 細心の注意を**頂き**、有難うございました。
　 세심한 주의를 해 주셔서 감사합니다.

② 皆様のご協力**頂き**、有難うございました。
　 여러분이 협력해 주셔서 감사드립니다.

③ ご連絡**頂きたい**と思います。
　 연락해 주시기 바랍니다.

④ お許し**頂きたい**と思います。
　 용서해 주시기 바랍니다.

⑧ ～でいらっしゃいますね

～입니다 라는 의미의～です의 존경어 でいらっしゃいます에 ね가 접속이 되어～이지요? 라고 상대방의 동의를 구하거나 확인할 때 사용한다.

① あそこの赤い服の方が奥様**でいらっしゃいます**ね。
　 저기의 붉은 옷을 입으신 분이 부인이시군요.

② こちらは営業本部の佐藤様**でいらっしゃいます**。
　 이 분은 영업본부의 佐藤씨입니다.

9 **恐れ入ります**

미안합니다 의 すみません보다 한층 공손한 형태이다. 申し訳ございません 도 사용한다.

① 製品発送が遅れてしまいました。**恐れ入りますが**、ご了承お願いします。
제품발송이 늦어졌습니다. 죄송합니다만 이해해 주시기 바랍니다.

② こちらの手違いで不良品が発送されました。**恐れ入りますが**、ご容赦お願いします。
이쪽의 실수로 불량품이 발송되었습니다. 죄송합니다만 용서해 주시길 부탁드립니다.

10 **お読みすれば**

일본어의 겸양어 형식 중 대표적인 것으로 お+동사의ます형+する 가 있다.

① お荷物がございましたら、私が**お持ちしましょうか**。
짐이 있으시면 제가 들까요?

② おっしゃていただいたら、私が**お書き致します**。
말씀해 주시면 제가 적겠습니다.

③ 私が**お呼びする**までこちらでお待ち下さい。
제가 부를 때까지 여기에서 기다려 주십시오.

⚫11　こちらこそ

こそ는 강조의 뜻으로~야 말로 로 해석된다.

① どうもすみませんでした。とんでもないです。**こちらこそ**迷惑をかけまして申し訳ございません。
죄송합니다. 당치 않습니다. 저야말로 폐를 끼쳤습니다.

② **今度こそ**うまくいくように心からお祈りしております。
이번이야말로 순조롭게 되도록 마음으로 빌고 있습니다.

③ **最近**ずっと忙しくてあいさつに参りませんでしたが、**明日こそ**お伺いしますので宜しくお願いします。
요즘 계속 바빠서 인사드리러 가지 못했습니다만, 내일이야말로 찾아뵙겠습니다. 잘 부탁드립니다.

Ⅰ ~でございます (~입니다) / ~がございます (~가 있습니다)

① これは商品カタログ**でございますが**、ご覧頂きたいと思います。

② 急用**がございまして**今日の打ち合わせには参加できないと思います。

③ 最近業績不振**でございまして**会社の財政は相当厳しくなっております。

④ 申し訳**ございませんが**返品ですのでご了承願います。

⑤ 新製品開発関連の会議が午後五時から開かれる予定**でございます**。

⑥ 이것은 견적서**입니다만** 한번 봐 주시기를 부탁드립니다.

⑦ 납품서는 **없습니다만**, 필요한 서류는 여기에 있습니다.

⑧ 납입은 내달 15일 까지 **이니** 서두를 필요 **없습니다**.

⑨ 우리 회사의 거래처는 전국 30개소에 **있습니다**.

⑩ 본사에서 아직 연락이 **없어서** 확정 불가능**합니다만**..

II こちらは (이것은, 이쪽은)

① **こちらは**弊社の案内書でございます。

② あちらは既製品で、**こちらは**新製品になっております。

③ 私は営業部の藤井と申しますが、**こちらは**海外営業担当の田中でございます。

④ 待たせてどうもすみません。お忙しいところ**こちら**こそ申し訳ございません。

⑤ 部長は会議でしばらく席を外しておりますが、**こちらの**控室でどうぞお待ち下さい。

⑥ **이것은** 올해 매출표입니다.

⑦ 덕분에 오늘 회의는 무사히 끝났습니다. **저야 말로** 덕분에..

⑧ 저것은 제품 설명서이고 **이것은** 견본입니다.

⑨ 우리 회사의 사람을 소개합니다. **이쪽은** 총무부 부장인 田中입니다.

⑩ **이것은** 계약서입니다만 사인 부탁드립니다.

Ⅲ 頂戴します (받겠습니다)

① 保険証書確かに**頂戴致しました**。

② ドルで**頂戴したい**と思いますが。

③ 請求書**頂戴する次第**連絡致します。

④ 不良商品の目録を**頂戴したい**と思いますが。

⑤ 差額はすべて弊社が**頂戴する**ことになっております。

⑥ 수입 신고서를 **받고** 싶습니다만..

⑦ 송장 복사를 **받는** 즉시 연락드리겠습니다.

⑧ 보험료는 고객에게 **받기로** 되어 있습니다.

⑨ 예약금을 **받으면** 계약이 성립되는 것입니다.

⑩ 가격표를 **받고 나서** 결정하겠습니다.

기본형	겸양의 경어동사		
いる 있다	おる		
行く 가다	参る	上がる	伺う
来る 오다	参る	上がる	
言う 말하다	申す	申し上げる	
する 하다	致す		
訪ねる 찾아가다 訪問する 방문하다	伺う		
聞く 듣다	伺う	拝聴する	
会う 만나다	お目にかかる		
食べる 먹다 飲む 마시다	いただく	頂戴する	
知っている 알고 있다	存じておる		
思う 생각하다	存じる		
見る 보다	拝見する		
分かる 알다	承知する	かしこまる	
見せる 보여 주다	お目にかける	ご覧に入れる	
読む 읽다	拝読する		

일본어의 겸양 표현은 자신뿐만 아니라 자신과 관계가 있는 사람이나 소유물, 상태, 동작 등을 낮추어 말하여 간접적으로 상대를 높이는 효과가 있다. 대표적인 겸양동사를 익혀두자.

예) まだその件に関しては存じあげておりません。

ご無理とは承知しておりますが。

サンプルをお持ちして参ります

1 ア행

アイスブレイク　아이스 브레이크
연수나 세미나 등의 모임에서 긴장을 풀기위해 하는 그룹워크나 게임.

アゼンダ　아젠다　계획, 예정표

アナウンス　　아나운스　통지, 고지

アプローチ　　어프로치　목적달성을 위해 상대에게 접근하는 것.
특히 영업에서 고객에게 상품이나 판매를 전제로 친해지는 것

アポ　　면회 또는 면담의 예약

アライアンス　　제휴　서로의 이익을 얻기 위해 맺는 협력관계

アルゴリズム　　알고리즘 문제 해결을 위한 명확한 순서

イノベーション　이노베이션 새로운 아이디어나 기술로 새로운 이익
을 창출하는 혁신

インターンシップ　인턴십

インバウンド　　인바운드　고객의 방문이나 전화를 받는 것

インフレ / インフレーション　인플레이션

オープン価格　　오픈 가격　제조사가 희망소개가격을 정하지 않은 것

オイシイ　자신에게 유리한 것

02
거래처 방문

02. 거래처 방문

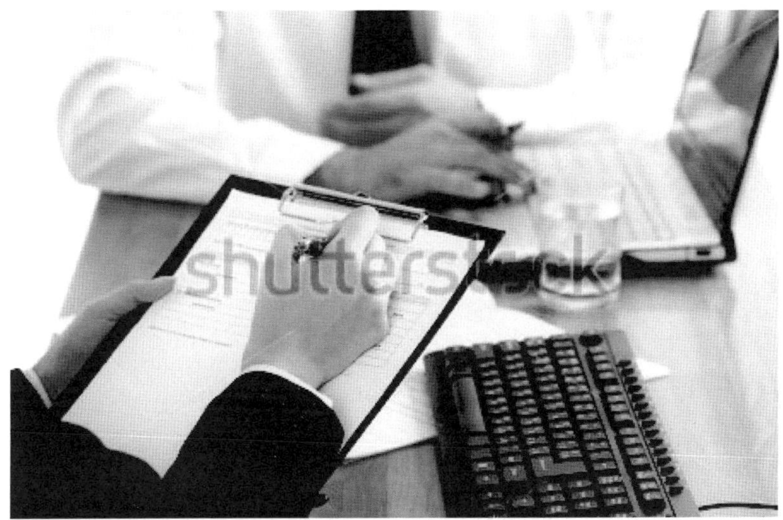

www.shutterstock.com · 107623010

(受付で)

受付: いらっしゃいませ。

朴: いつもお世話になっております。釜慶物産の朴と申します。木村部長と
本日2時のお約束で参りました。

受付: 朴様でいらっしゃいますね。お待ちしておりました。こちらへどうぞ。

朴: ありがとうございます。

(応接室で)

受付: どうぞ奥の席にお掛けになってお待ち下さい

朴: いえ、こちらでけっこうです。

受付: どうぞ奥の席にお掛け下さい。

朴: 失礼致します。

受付: お茶をどうぞ。

朴: ありがとうございます。

木村: お待たせしました。朴部長、お久しぶりです。(악수를 한다)

朴: ごぶさたしております。(악수를 한다)
　　ご紹介します。こちらは弊社の営業係長の李です。

李: 李と申します。本日はお忙しいところ、おじゃまいたします。

木村: いつもお世話になっております。

朴: こちらこそ、お世話になっております。

受付	접수처, 안내실
世話, 世話になる	신세, 신세지다.
本日	오늘. 한문투로 今日보다 격식 있는 표현
約束	약속
参る	오다. 가다의 겸손한 표현
掛る	(의자 등에) 앉다
けっこうだ	좋다. 만족하다. 충분하다
ごぶさたする	오랫동안 소식이 없다.
紹介	소개
弊社	저희 회사.
営業	영업
係長	계장
忙しい	바쁘다
おじゃまする	실례하다

1 いらっしゃいませ

いらっしゃいませ는 いらっしゃる(오시다)에 ます의 정중한 명령형 ませ가 붙은 형태이다. 명령의 의미보다는 일반적으로 '어서 오세요'의 의미로 사용된다. いらっしゃる는 오다, 가다, 있다의 존경어로 오시다, 가시다. 계시다의 의미로 사용된다.

① ようこそ**いらっしゃしませ**。
   어서 오십시오.

② 田中部長は**いらっしゃいますか**。
   다나카 부장님은 계십니까?

③ ごめんください**ませ**
   실례합니다.

④ お許しください**ませ**
   용서하십시오.

② お世話になっております

世話는 신세, 도움을 뜻하며 'お+한자어/동사 연용형+になる'의 형식으로 존경어를 만든다. お世話になる는 '신세지다'의 뜻이지만 일상회화보다는 비즈니스에서 거래처와 인사할 때 인사말로 사용된다. ～ております는 ～ています(～고 있다)의 겸양어이다.

① 先日は大変**お世話になりました**。
　　지난번에는 매우 신세를 졌습니다.

② このたびは契約の件で**お世話になりました**。
　　이번 계약 건으로 신세를 졌습니다.

③ お約束

お는 일본 고유어에 붙어 존경, 미화어로 만든다. 2자이상의 한자어에는 ご를 붙인다. 御社, 御校, 御身와 같이 'おん'으로 읽는 경우도 있다.

① ここに**お**名前とご住所をお書きください。
　　여기에 이름과 주소를 써 주세요.

② こちらから**お**話いたします。
　　제가 말씀 드리겠습니다.

4 　参りました

参る는 가다, 오다의 겸양어로 자신이나 자기측 행동을 낮추어 상대를 올리는 표현이다. 따라서 상대의 행동을 표현할 때는 쓰면 안 된다.

① 明日はイベント会場へ直接**参ります**。
　　내일은 직접 이벤트 회장으로 바로 가겠습니다.

② 上司の李が御社へ**参ります**。
　　상사인 이(부장님)이 귀사에 가겠습니다.

5 　お待ちしておりました

お待ちする는 お+ 동사의 ます형+する의 형태로 待つ(기다리다)의 겸양적 표현이다. ~ておる는~ている(~하고 있다)의 겸양어이다.

① ご返信、**お待ちしております**。
　　답신을 기다리겠습니다.

② またのご来店、**お待ちしております**。
　　또 오시길 기다리고 있겠습니다.

お待たせしました

待たせる는 待つ의 사역형으로 '기다리게 하다'의 뜻인데 여기서는 ぉ〜する
와 함께 쓰여 상대를 기다리게 했다는 의미로 쓰인다.

① **お待たせして**、どうも申し訳ございません。
　기다리게 해서 대단히 죄송합니다.

② 長らく**お待たせいたしました。**
　오랫동안 기다리셨습니다.

お久しぶりです／ ごぶさたしております

お久しぶりです와 ごぶさたしております 모두 '오랫만입니다'를 의미한다.
お久しぶりです는 久しぶり(오랫만)에 ぉ와 です가 붙은 형태로 다소 가벼
운 경어이며 ごぶさたしております는 그동안 연락이 없어서 죄송하다는 의
미가 내포되어 있는 격식적인 표현이다.

① **ご無沙汰して**大変申し訳ございません。
　그동안 연락이 없어 대단히 죄송합니다.

② メールではよくやり取りしましたが、**お会いするのは久しぶりです。**
　메일로는 몇 번 주고받았지만, 만나는 것은 오래간만입니다.

❽ 弊社

자신의 회사를 낮추어 표현한 것으로 주로 문장에서 쓰인다. 비즈니스 회화
에서는 면식이 있는 경우는 주로 '私ども' '当社' '小社'를 사용한다.

① この件に関しましては、**弊社**内で再検討させていただきます。
　이 건에 관해서는 저희 회사 내부에서 재검토 하겠습니다.

② **弊社**のサービスをご利用いただき、誠に有難うございます。
　저희 회사의 서비스를 이용해 주셔서 대단히 감사합니다.

❾ お忙しいところ

ところ는 여기서 형식명사로 'お＋형용사 연체형＋ ところ'의 형태로 '～한
상황인데"～한 와중에'라는 의미로 쓰인다. お忙しいところ는 상대가 바쁜데
도 부탁이나 의뢰를 하거나 감사의 표현할 때 자주 쓰이는 표현이다.

① **お忙しいところ**申し訳ございません。お返事至急にいただければ
　幸いです。
　바쁘신 와중에 죄송합니다. 조속히 답신해 주시면 감사하겠습니다.

② 本日は**お忙しいところ**をお集まりいただき誠に有難うございます。
　오늘은 바쁘신 중에도 참석해 주셔서 대단히 감사합니다.

⑩ おじゃまいたします。

じゃま는 '방해, 거추장스러움'을 뜻하는데 お＋する(いたす)형태로 타인의 집에 방문 할 때 '실례 합니다'라는 겸양의 인사말로 쓰인다. 용무가 끝나면 'おじゃまいたしました'(실례 했습니다.)라고 과거형을 사용한다.

① ちょっと**おじゃましても**よろしいでしょうか。
   잠시 실례해도 괜찮을까요?

② 長い間たいへん**おじゃましました。**
   오랜 시간 실례했습니다.

I お(ご)～になる　(~하시다)

① いつごろ**お戻りになりますか**。

② **お揃いになりました**ので、そろそろ始めたいと思います。

③ まだ用紙を**お受け取りになって**いない方は、お申し出ください。

④ 今日はたくさん**お歩きになった**ので、お疲れでしょう。

⑤ 先ほど**ご説明になった**件ですが、もっと詳しくお話いただきたいです。

⑥ 손님은 안에서 **기다리고 계십니다**.

⑦ 사장님은 계약서를 이미 **읽으셨습니까?**

⑧ 도중에 김과장과 **만나지 않으셨습니까?**

⑨ 지금 **말씀하신** 문제들을 본사에 전달하겠습니다.

⑩ 현재 이 제품의 결함에 대해서는 **이해하고 계신** 것으로 알고 있습니다.

Ⅱ お忙しいところ(바쁜 중에도)

① 本日は**お忙しいところ**田中社長においでいただき、厚くお礼を申し上げます。

② **お忙しいところ**ご協力いただき、ありがとうございます。

③ 大変**お忙しいところ**お時間をあけていただいて、ありがとうございます。

④ 先日は**お忙しいところ**、お電話ありがとうございました。

⑤ **お忙しいところ**をわざわざ来ていただいてありがとうございます。

⑥ **바쁘신데** 방해해서 죄송합니다.

⑦ **바쁘신데** 오시라고 해서 정말 죄송합니다.

⑧ 오늘은 **바쁘신 중에도** 세분의 전문가께서 참석해 주셔서 감사드립니다.

⑨ **바쁜 중에** 죄송합니다만, 다음 사항을 검토해 주십시오.

⑩ 연말에 **바쁘신데** 여러 준비 등을 감사드립니다.

Ⅲ お(ご)~する(하다)

① 今回の新製品を**お勧めする**理由は以下の3点です。

② 契約書を**お送りします**のでよろしくお願いします。

③ 専門家と**お話する**機会に恵まれました。

④ 顧客の要望を**お聞きし**、製品の改善に取り組みました。

⑤ **お答えする**前に一つご確認があります。

⑥ 죄송합니다만 이 한자는 뭐라고 **읽습니까?**

⑦ 값싸고 맛있는 레스토랑으로 **안내하겠습니다.**

⑧ 월 1회 정기적으로 상담을 **받고 있습니다.**

⑨ 제안에 **부응하지 못해** 정말 죄송스럽게 생각합니다.

⑩ 신청자가 많으면 사전에 **종료하는** 경우도 있습니다.

2 カ行

カテゴリキラー 특정분야의 상품을 특화시켜 저가로 판매하는 체인점
カニバリゼーション 동업자끼리 경쟁하여 피해를 보는 일
カフェテリアプラン 회사의 후생복리의 한 종류. 회사로부터 주택, 육아, 간병 등 자신의 기호에 맞게 서비스를 선택하는 것
キックオフ・キックオフミーティング 프로젝트 개시 전에 매니저나 리더가 멤버를 모아 프로젝트의 개요, 목표, 일정, 체제를 발표하는 미팅
キャッシュフロー 기업 활동에 의한 자금의 흐름, 일정 기간 동안의 현금의 흐름
キャリア 직업, 기능상의 경력이나 경험
キャリアパス 경력을 쌓는 길, 기업 내에서 승진의 지름길
キャパ・キャパシティ 수용인수, 작업량
クライアント 고객, 의뢰인, 거래처
クラッカー 비윤리적 행위나 불법 활동을 하는 컴퓨터 해커
クリティカル 프로젝트나 작업에서 가장 중요한 부분. 실수를 하면 막대한 영향을 끼치므로 확실히 끝내야 하는 포인트
クリティカルマス 상품이나 서비스가 일정 생산량이나 판매량을 넘으면 폭발적으로 보급되는 생산량이나 판매량.
グリーンカラー 환경보전 등 환경 분야에 종사하는 노동자.
グレーカラー 화이트컬러와 블루컬러의 중간적 성격을 가진 노동자. 기술관계에 종사하는 노동자를 지칭한다.
クロジング 매매 절차의 완료
グローバルスタンダード 세계적인 공통 기준
ケーススタディ 사례연구

ケータリング 연회용 요리 제공, 출장요리

ケツ 마감.

コアコンピタンス 다른 기업에 없는 핵심역량

コアタイム 코어타임. 플렉스 타임제에서 전 직원이 출근해 있어야하는 시간대.

コストリダクション 비용 축소, 비용 삭제

コスパ・コストパフォーマンス 비용대비 효과

コーポレートガバナンス 기업통치, 기업 통괄. 기업의 부정행위를 방지하거나 적절한 사업활동을 유지하고 경쟁력과 수익을 장기적으로 향상시키는 구조를 구축하는 것.

コミット・コミットメント 계약, 공약. 자신의 목표를 공언하는 것.

コモディティ 범용화. 일반화.제조회사의 품질이나 기능의 차이가 없어지고 균등해지는 상태.

コンクリフト 이해의 충돌. 대립.컴퓨터 작업에서 복수의 작업창이 동시에 같은 메모리 영역이나 파일을 이용하기 위해 경쟁하거나 동작이 정지되는 불안한 상태.

コンシューマ 소비자. 특히 기업고객이 아닌 개인 고객.

コンセプトショップ 컨셉숍. 한가지 컨셉으로 다양한 물품을 취급하는 점포

コンセンサス 동의를 얻는 것. 의견 일치. 합의

コンティンジェンシープラン 사고나 재해 등 비상사태를 대비한 대책, 계획

コンバージョン 방문 고객 중 구입고객의 비율

コンプライアンス 법령준수. 법과 사회적 통념을 지키는 것.

コンペティター 같은 카테고리의 제품을 판매하는 경쟁상대. 경쟁회사.

03
제품 소개

www.shutterstock.com · 524899150

朴: メールでお話した商品をご紹介致します。

この商品の主な特徴は既存のものより軽くて耐久性がいいことです。

木村: 確かに軽くなりましたね。素材は何ですか。

朴: ABS—AFが使われています。

ですので鉄製より腐食の心配がございません。

しかもコネクターをコントローラーに差し込む方式ですので、A/Sが簡単
です。

木村: 単価のほうはどうですか。

朴: 鉄製に比べると価格は変わりませんが、メンテナンスフリーを考えると
安いです。

木村: 仕様書はありますか。

朴: スペックでしたら、こちらにございます。

メール	메일	コネクター	커넥터
商品	상품	コントローラー	컨트롤러
紹介	소개	差し込む	꼽다
約束	약속	方式	방식
主な	주된	単価	가격
特徴	특징	比べる	비교하다
既存	기존	メンテナンスフリー	점검이 필요 없는
耐久性	내구성	仕様書	사양서
確かに	확실히	スペック	스펙
軽くなる	가벼워지다		
鉄製	철재		
腐食	부식		
心配	걱정		
しかも	게다가		

1 ご紹介致します

ご+음독한자+致す는 자신의 행동을 낮추고 상대를 높이는 경어표현으로 致
す는 する보다 더 정중한 표현이다.

① 修正案について**ご説明致します。**
　수정안에 대해 설명 드리겠습니다.

② こちらで確認してからすぐに**ご連絡いたします。**
　저희 쪽에서 확인한 후 즉시 연락 드리겠습니다.

2 ～くなりました

형용사く＋なる의 형태로 상태의 변화를 나타내며 '～아/어 지다'의 뜻이 된다.

① 国内の景気が**よくなりました。**
　국내 경기가 좋아 졌습니다.

② 日程の変更は**難しくなりました。**
　일정 변경은 어려워졌습니다.

3 ほう

ほう는 명사와 함께 써서 '~쪽' 이라는 뜻으로 쓰이며 다소 에둘러 쓰는 표현이다. 비즈니스에서는 명확하게 표현해야 할 때는 과용하지 않는 것이 좋다.

① 予定変更の**ほう**をお願いしたいですが。
   예정변경을 부탁드리고 싶습니다만

② 納期の**ほう**を10月30日までに延期していただけないでしょうか。
   납기를 10월 30일 까지 연기해 주실 수 있는지요

4 ～に比べると

～に比べると는 '~와 비교하면'의 뜻으로 다른 대상을 비교하여 설명을 할 때 쓰이는 효과적인 표현이다.

① 例年に**比べると**かなり遅くなりました。
   예년에 비해서 꽤 늦습니다.

② A案に**比べると**構成がより見やすいです。
   A안에 비해서 구성이 훨씬 보기 좋습니다.

 **명사+でしたら**

명사+でしたら는 ~(이)라면의 뜻으로' ~だったら'보다 정중한 표현이며 조
건의 의미를 나타낸다.

① その製品**でしたら**、今週末までに届くと思います。
그 제품이라면 이번 주말까지 도착할 것으로 생각합니다.

② 見積書**でしたら**、課長の机の上に置いてあります。
견적서라면 과장님 책상 위에 있습니다.

Ⅰ ご + 음독한자 + 致します(제가/저희 쪽에서~하겠습니다)

① 下半期の決算について**ご報告致します**。

② 先日お振込みについて**ご相談致しました**が、まだ返事を頂ておりません。

③ 情報交換できる機会を**ご用意致しました**。

④ 詳細についてはホームページで**ご案内致します**。

⑤ 보상금액에 대해 **질문하겠습니다**.

⑥ 30분 후에 다시 **전화 드리겠습니다**.

⑦ 내일 저희 쪽에서 **답신 드리겠습니다**.

⑧ 적절한 방안을 **제안 하겠습니다**.

⑨ 견본을 메일로 **송부 해드리겠습니다**.

⑩ 긍정적인 견해와 결단을 내리시길 **요청 드립니다**.

II ~に比べると(~와 비교하면)

① 他の新装備**に比べると**若干地味な感じもしますが、

② 上半期**に比べると**活気がないのは確かです。

③ 従来のもの**に比べると**塩分は半分に減りました。

④ 韓国**に比べると**ずいぶん遅れていますね

⑤ プラスチック**に比べると**強さはだんぜん優位です。

⑥ 전년도에 **비하면** 제품에 대한 불만은 감소했습니다.

⑦ 다른 OECD 국가**에 비하면** 낮은 편입니다.

⑧ 대기업**에 비하면** 고객의 불만 처리속도가 느립니다.

⑨ 다른 회사 사이트**에 비하면** 대기 시간이 짧습니다.

⑩ 전년도 같은 기간**에 비하면** 10% 상승했습니다.

Ⅲ ~でしたら(~이라면)

① マニュアル作成**でしたら**、先日担当者に指示して置きました。

② 単価**でしたら**メーカのほうに引き下げを要請してあります。

③ 特許**でしたら**、現在出願中です。

④ 保証期間**でしたら**、製品納入後一年です。

⑤ 報告書**でしたら、**今週末までに完成できます。

⑥ 그 용건**이라면** 기무라가 담당입니다.

⑦ 제품의 안전성**이라면** 문제 없습니다.

⑧ 구체적인 일정**이라면** 뒤에 자세히 설명 드리겠습니다.

⑨ 분석자료**라면** 메일로 보내드리겠습니다.

⑩ 현장 방문**이라면** 사전 조율이 필요합니다.

3 サ行

サービス 서비스

〜サイド 〜측.

サステイナビリテイ 지속가능성

サードパーティ 제3자. 담당자가 아닌 관계자.

サマる/サマリー 요약하다/요약문

シェア 점유

シーズ 제조업자가 제공하는 새로운 기술이나 재료, 노하우

シナジー 시너지. 상승효과

ジュニアボード 청년이사회. 신입, 중견사원이 회사경영에 구체적 제안을 하는 모의 이사회.

ジョブ 컴퓨터에서 조브. 작업이나 업무의 단위

ジャストアイディア 방금 떠오른 아이디어. 생각

シュリンク 시장축소

ショート 부족

シンポジウム 심포지움

スイッチングコスト 시스템 전환에 따른 비용

スキーム 계획안, 기획

スキル 스킬. 기술

スクリーニング 선별

スケール 규모

スコープ 범위

ステークホルダー 고객, 투자가, 거래처, 종업원 등 회사의 이해관계자

ストアコンパリゾン 경쟁점 조사

セクショナリズム 파벌주의

セクハラ 성추행
セグメンテーション 시장세분화
セグメント 분류기준
ゼロサムゲーム 제로섬 게임. 한쪽이 득점하면 다른 쪽이 실점하여 참가자 전원의 득점 합계가 항상 0이 되는 게임
ゼロベース 제로 베이스. 제로 상태에서 다시 시작하는 것
ゾーニング 지역설정 계획. 상품군의 배치영역

수동 표현

❖ 접속방법(受け身の助動詞れる　られる)

* 5단 동사 : 어미를 あ단으로 바꾸고　れる　(よむ→よま+**れる**)

* 1단 동사 : 어미를 없애고　られる　(ほめる→ほめ+**られる**)

* 변격 동사 : する→　**される**
　くる→　**こられる**

・(母が私の)日記を読んだ。→(私は母に)日記を**読まれた**。
・(母が私を)ほめた。→(私は母に)**ほめられた**。
・しりを打った。→　しりを**打たれた**。
・雨が降った。→　雨に**降られた**。
・子供が死んだ。→　子供に**死なれた**。
・友だちが来た。→　友だちに**来られた**。

・尊敬する(→　　　　　　　)・注意する(→　　　　　　　　　　)
・研究する(→　　　　　　　)・怒る(→　　　　　　　　　　　)
・迷惑をかける(→　　　　　)・開く(→　　　　　　　　　　　)
・教える(→　　　　　　　　)・起こす(→　　　　　　　　　　)

현재 진행과 결과 상태의 표현
(자동사＋ている・타동사＋ている・타동사＋てある)

＊～ている 표현

(1) 동작의 진행을 나타낸다; 계속동사 + ている

계속 동사란 동작이 일정한 시간 동안 지속적으로 이루어지는 동사:
話す、読む、降る、走る

・私は音楽を**聞いている**。
・夕方から雨が**降っている**。

(2) 결과 상태를 나타낸다; 순간동사 + ている

순간 동사란 동작이 순간적으로 성립하는 동사 : 死ぬ、聞く、折れ
る、落ちる、消える
・人が**死んでいる**。
・ドアが**開いている**。
・木の枝が**折れている**。
・家の前に車が**止まっている**。
・部屋の電気が**消えている**。
・田中さんは先週から神戸に**来ている**。

(3) 습관. 반복을 나타낸다.
・私は毎朝6時に**起きている**。
・母は毎日勉強しなさいと何度も**言っている**。

(4)단순 상태를 나타낸다.

· 山が**そびえている**。

· 私は父に**似ている**。

· 彼は少し**やせている**。

(すぐれている・とがっている・ばかげている)

(5) 과거의 경험을 나타낸다.

· 彼女は 3 年間日本に**住んでいる**。

· 彼は 2 年前に大学を**卒業している**。

· 日本は前回の大会で金メダルを**取っている**。

＊～てある 표현

**(1) 결과 상태를 나타낸다 (반드시 타동사와 접속, 타동사의 목적어
   는 [が]로 바뀐다)**

· 窓を閉める。 →　窓が**閉めてある**。

· 花を飾る。 →　花が**飾ってある**。

결과 상태를 나타내는 표현에는 [타동사+てある]와 [자동사+てい
る]가 있으며 이 두 형식의 차이에는 화자의 **의도성**에 있다.

· 冷蔵庫の中にすいかが**入っている**。

· 冷蔵庫の中にすいかが**入れてある**。 (누군가가 넣어 두었다.)

(2) 준비를 나타낸다

· ホテルの**予約をしてある**から心配ない。

· 料理はたくさん**作ってある**から、あしたまで食べられる。

✻ 다음 문장에 올바른 것은?

1. 暗くなってきましたね。ドアは閉って(いますか。ありますか)
   はい、閉って(います。あります)

2. 鍵もかかって(いますか。ありますか)
   はい、かけて(います。あります)

3. 窓はどうですか。
   こちらのはもう閉めて(います。あります)が、
   あちらのは今、田中さんが閉めて(います。あります)

4. 田中さんは日本の芸術に興味を(持ちます。持っていなす)

5. 田中さんは結婚(しました。しています)

6. 田中さんは銀座にある会社に(勤めます。勉めています)

7. ここに名前が書いて(あります。います)

8. あの人には全部説明して(あります。います)

9. ドアが(あけて、あいて)あります。
   ドアを(あけて、あいて)います。

10. 車は家の前に(とまって、とめて)あります。
    車は家の前に(とまって、とめて)います。

04
손님 접대

부산에 온 일본 바이어를 접대한다

朴: 木村さん、いつもお世話になっているので、今日はお礼にご馳走させてい
　　ただきたいですが。

木村: そうですか。どうもありがとうございます。

朴: 木村さんは刺身がお好きとお聞きしましたが。

木村: ありがとうございます。特にこだわりはありません。

朴: では釜山の郷土料理はいかがですか。
　　私の行きつけの美味しい店にご案内いたします。

木村: それは楽しみですね。

(이동 중의 대화)

朴: いいお天気ですね。

木村: 今日は本当によく晴れていますね。

朴: 韓国は例年にまして黄砂が多くてなって大変です。東京の天気はいかがで
　　すか。

木村: 今年は雨が多くてましでしたが、東京も黄砂がひどいです。

朴: 日本も韓国も春は黄砂で大変ですね。

木村: そうですね。

朴: ところで、最近の日本の景気はどうですか。

木村: 回復しているとは言われていますが、まだまだ実感はないですね。

朴: やっぱりそうですか。私も記事で読みました。韓国もそろそろ回復すると
　　思いますが。

木村: それはいいことですね。

(식사대접)

朴: どうぞこちらへおかけください。献立はこちらになります。

　　お飲み物は何になさいますか。

木村: まずはビールですね。

朴: そうですね。とりあえずビールで、後で韓国の焼酎もお試しください。

木村: おお、美味しそうですね。

木村: では、乾杯しましょう。

お礼(れい)	보답		回復(かいふく)	회복
ご馳走(ちそう)	맛있는 음식		実感(じっかん)	실감
刺身(さしみ)	회		記事(きじ)	기사
こだわり	고집하는 것		回復(かいふく)	회복
郷土料理(きょうどりょうり)	향토요리		献立(こんだて)	메뉴
行きつけ	단골		とりあえず	우선
楽(たの)しみ	즐거움		焼酎(しょうちゅう)	소주
本当(ほんとう)	정말		お試(ため)しする	시도하다
晴(は)れる	(날씨가) 맑다			
例年(れいねん)	예년			
黄砂(こうさ)	황사			
乾杯(かんぱい)	건배			
大変(たいへん)だ	힘들다			
最近(さいきん)	최근			
景気(けいき)	경기			

1 ご＋동사 사역형＋いただきたい

ご馳走させていただきたいですが
ご＋동사 사역형＋いただきたい는 '~하고 싶습니다만'의 뜻으로 상대에게
허가를 받을 때 사용하는 정중한 표현이다.

① 早退させていただきたいですが…
  조퇴하고 싶습니다만…

② 休ませていただきたいですが…
  쉬고 싶습니다만

2 ~にまして

~にまして는 더욱~ 하다, 한층 더하다의 의미로 쓰인다. ~にもまして로도
쓰인다.

① 個人情報は従来にまして厳しい管理が求められます。
  개인정보는 종래보다 한층 더 엄격한 관리가 요구됩니다.

② サービス業では何にましておもてなしの心が大事です。
  서비스업에서는 무엇보다 대접하는 마음이 중요합니다.

 **동사 ない형+(ら)れる**

~(하는 것을) 당하다, ~(하는 것을) 받다
수동표현으로 상대의 어떤 행동을 받거나 당하는 의미를 나타낸다.

① 関係者によると業界の損失は1億円になると<u>言われている</u>。
관계자의 말에 의하면 업계의 손실이 1억엔이 된다고 한다.

② 木村さんに<u>頼まれた</u>仕事です。
기무라씨에게서 부탁받은 일입니다.

 **お＋동사 ます형＋ください**
お/ご＋한자어 명사＋ください（~해 주십시오）

~てください보다 격식 차린 표현으로 존중의 의미가 있다. 한자어 명사의
경우 동작성 명사 ＋する만 가능하다.

① 希望者は今週末までにお申し込みください。
희망자는 이번 주말까지 신청해 주십시오.

② 誠にお手数ながら、見積書を7月末日までにご回送ください。
번거로우시겠지만 견적서를 7월말까지 보내 주십시오.

5 何になさいますか。(무엇으로 하시겠습니까?)

何になさいますか는 메뉴를 정할 때 상대방에게 무엇을 정할 지 물어보는 존경 표현으로 何にしますか보다 정중한 표현이다. 이에 대한 대답은 주로 '〜にします(〜로 하겠습니다)','〜がいいです(〜가 좋습니다)'로 표현한다. なさいますか는 する의 존경동사인 なさる의 ます형으로 '하시다'를 의미한다.

① 大阪の木村様からサップルが届いております。返事はいかがなさいますか。

오사카의 기무라씨한테서 샘플이 도착했습니다. 대답은 어떻게 하시겠습니까?

② お色は赤になさいますか、それとも白がよろしいでしょうか。

색깔은 붉은색으로 하시겠습니까? 아니면 흰색이 좋으십니까?

6 美味しそうですね。(맛있을 것 같습니다)

형용사어간 + そうだ는 '〜할 것 같이 보인다, 〜할 것 같다'의 뜻이며 외관상 그렇게 보인다는 의미를 나타낸다.
***참고: ない는 なさそうだ, いい는 よさそうだ가 되므로 주의한다.**

① 韓国料理は体によさそうですね。

한국요리는 몸에 좋을 것 같습니다.

② このデフレでは企業の経営も厳しそうです。

이런 불경기는 기업의 경영도 어려울 것 같습니다.

Ⅰ 동사 ない형+(ら)れる

① 甘川文化村は釜山のマチュピチュと**言われている**。

② 市場の価格を見ながら生産と出荷計画が**立てられます**。

③ そのサイトの半分以上が広告で**占められている**。

④ 会議では顧客のクレーム件も**取り上げられた**。

⑤ 생산비 경감을 도모하기 위해 **만들어진** 조치입니다.

⑥ 대기업 주도로 개발이 **진행되었다**.

⑦ 새로운 CEO의 취임으로 많은 기대가 **모아졌다**.

⑧ 회의는 부드러운 분위기에서 **진행되었다**.

⑨ 오랫동안 **사랑 받고 있는** 모델입니다.

⑩ 작년에는 해외출장은 자주 **명 받았다**.

II 동사 お+동사 ます형+ください
お/ご+한자어 명사+ください

① 釜山にいらっしゃったらいつでも**お寄りください**。

② 少々**お待ちください**。

③ 何とぞ**ご容赦ください**ますようお願い申し上げます。

④ 至急お送り**くださる**ようお願い申し上げます。

⑤ 詳細は担当者にお問い合わせ**ください**。

⑥ 실제로 현장에서 사용해 보시고 **의견을 주십시오**

⑦ 안전수칙은 꼭 **지켜주십시오**

⑧ 무슨 일이 생기면 저를 **불러주세요**

⑨ 작동 원리를 **가르쳐 주십시오**

⑩ 지불 비용은 달러로 **지불해 주십시오**

Ⅲ 형용사어간 + そうだ

① その条件ではご契約は**苦しそうです**。

② 韓国のオンドルは**温かそうです**ね。

③ CEOは記者会見で申し訳**なさそうに**謝罪した。

④ 新製品の改善案はこれで**よさそうです**。

⑤ 이 가게는 경주에서도 역사가 **오래된 것 같습니다.**

⑥ 부장님은 **바쁜 듯이** 자리를 이동했습니다.

⑦ 원가하락이 가격변동에 미치는 영향은 **없을 것 같습니다.**

⑧ 발상은 **재미있는 것 같습니다만,**

⑨ 여성의 참가율이 **높은 것으로** 보입니다.

⑩ 이 시간에는 지하철이 **빠를 것 같습니다.**

4 夕行 · ナ行

タイト　타이트. 예산이나 스케줄이 여유가 없음
ターゲッテイング　고객 선정. 고객을 목표로 정하는 것
タスク　일. 업무. 과제.
タスクフォース　기동부대. 전문조사단. 프로젝트 팀
ダンピング　덤핑
ディシジョン/デシジョン　결정. 판단
ディーラー　딜러. 특약판매점
データマイニング　데이터 마이닝
デッド/デッドライン　최종기한
デファクトスタンダード　사실상 표준
デフォ/デフォルト　초기화
テレコ　순서가 거꾸로 됨
テンパー　10%
ドラスティック　대규모의 과감한 개혁
トレードオフ　복수의 조건을 만족시킬 수 없는 관계. 한쪽을 취하면
다른 한쪽을 희생해야 하는 관계

ナレッジ　업무에 필요한 지식. 체계적으로 가시화된 정보군.
ナレッジワーカー　고도로 전문화된 지식으로 공헌하는 노동자
ニーズ　요구, 수요. 소비자가 필요로 하는 것.
ニッチ　틈새시장
ネゴ/ネゴシエーション　교섭
ノウハウ　노하우
ノルマ　정해진 시간에 달성해야하는 작업량
ノーティス　알림 주의사항

1. 사역표현

(1) 접속방법 (受け身の助動詞せる・させる)

*5단 동사 : 어미를 あ단으로 바꾸고 れる (よむ→よま+せる)

*1단 동사 : 어미를 없애고 られる (たべる→たべ+させる)

*변격동사 : する→ させる くる→ こさせる

(2) 사역문의 종류

① 자동사 사역문

* 妹は買い物に行きました。

 → 母は妹を(に)買い物に行かせました。

* 子供が一人で歩く。

 → 母が子供を(に)一人で歩かせました。

사역자가 피 사역자의 의지와 관계없이 어떤 행위를 요구하거나 강요하는 경우에는 주로 「を」를, 사역자가 피사역자의 의지나 요구를 허락하는 경우에는 주로 「に」를 사용한다.

(おそくまで勉強している学生を帰らせた。用事があると言う学生に帰らせた。)

그러나 일시적 감정이나 자연현상을 나타내는 동사인 경우는 「を」를 사용하고(泣く・びっくりする・悩む・安心する・失望する 등), 이동의 의미를 나타내는 동사에는(泳ぐ・歩く・飛ぶ 등) 「に」만을 사용한다.

・読む (→　　　　　　　) ・食べる (→　　　　　　　　　　　)
・思う (→　　　　　　　) ・作る (→　　　　　　　　　　　)
・怒る (→　　　　　　　) ・悲しむ(→　　　　　　　　　　　)
・教える (→　　　　　　) ・起こす(→　　　　　　　　　　　)

② 타동사 사역문

＊ 子供が野菜を食べた。

　→(母が)子供に野菜を食べさせた。

＊ 学生が荷物を運びました。

　→(先生が)学生に荷物を運ばせました。

(3) 사역 수수표현

①～させてもらう(～させていただく)

자신의 행동을 겸손하게 표현하는 방법으로, 상대방의 동의나 허락을 받아서

본인이 행동한다는 느낌을 가진다.

＊ 今日は**休ませていただきたいんですが**。

＊ 発表はこれで**終わらせていただきます**。

②～させてもらえますか。(～させていただけますか)

＊ 今日は用事があるので、早く**帰らせていただけませんか**。

＊ 東京への出張は私**に行かせてもらえませんか**。

③～させてくれませんか。(～させてくださいませんか)

＊ その仕事は私**にやらせてくださいませんか**。

＊ 京都に行くのなら、私も一緒に**行かせて下さい**。

(4) 사역 수동표현

사역 수동은 동사의 사역형에 수동형을 겹쳐 만든 것으로 자신의 행위가 인의 의지에 의해 이루어진 경우에 사용된다. 본인의 의지는 아니지만 어쩔 수 없이 하게 되는 경우이다.

＊ バスが遅れて、30分も**待たされた**。(待たせられた)

＊ 酒が弱いので飲みたくないが、すごく**飲まされて**よっぱらってしまった。

(飲ませられて)

＊ 私は医者に**させられた**が、本当は画家になりたいと思っていた。

① 선생님, 오늘은 급한 일이 있어서.... 빨리 **가도되겠습니까?**

② 어릴 때 (억지로) **피아노를배웠어.**

③ 바빠서 죽겠는데 서류를 (만들라고 해서 무리해서) **만들었다.**

④ 죄송하지만 전화를 **사용하게해주세요.**

⑤ 우유를 **얼려서** 아이스크림을 만들었다.

2. 수수동사

물건을 주고 받는 행위와 관련된 표현을 수수표현이라 하며 「あげる・くれる・もらう」와 같은 동사가 사용된다. 물건을 주고받는 경우와, 행동을 (주로 은혜) 주고 받는 경우의 2종류가 있다.

(1) あげる/やる/差し上げる
(주는 사람; 나, 혹은 나의 가족 / 받는사람; 타인)

＊ 友だちにお金をあげた。友だちにお金を(貸して)あげた。

＊ 子供に本をあげた。子供に本を(読んで)あげた。

＊ 友だちにおかずをあげた。友だちにおかずを(作って)あげた。

이 문장에서의 주어는 생략되어 있지만, 주어는 (私 혹은 私の家族) 이며, 동작을 하는 사람도 (私 혹은 私の家族) 이다. **내가 타인에게 물건을 주거나, 행동을 (해) 주는 표현이다.**

(2) くれる/くださる
(주는 사람; 타인 / 받는사람; 나, 혹은 나의 가족)

＊ おみやげをくれた。おみやげを(送って)くれた。

＊ 写真をくれた。写真を(とって)くれた。

＊ 本をくれた。本を(見せて)くれた。

이 문장에서의 주어는 생략되어 있지만, 주어는 (或人、他人) 이며, 동작을 하는 사람도 (或人、他人) 인 것이다. **타인이 나 (혹은 나의 가족) 에게 물건을 주거나, 행동을 (해) 주는 표현이다.**

(3) もらう/いただく

(<u>주는 사람</u>; 타인 / <u>받는사람</u>; 나, 혹은 나의 가족)

* くつをもらった。くつを(作って)もらった。くつを(はいて)もらった。

* ケーキをもらった。ケーキを(作って)もらった。ケーキを(食べて)
もらった。

* ジュースをもらった。ジュースを(買って)もらった。ジュースを
(飲んで)もらった。

이 문장에서의 주어는 생략되어 있지만, **주어는 (私 혹은 私の家族)이고,
동작을 하는 사람은 (或人、他人) 인 것이다. 즉, 주어와 동작주가 다르다.
내가 타인으로부터 (혹은 나의 가족이) 물건을 받거나, 행동을 (해) 받는
표현이다.** 특히 한국어에는 없는 표현으로 직역을 하면 매우 부자연하게
되니「～てもらう」는 「～てくれる」 표현으로 해석하면 자연스럽다.

(私は田中さんに) 本を読んでもらいました。
→ (田中さんは私に) 本を読んでくれました。

(私は彼に) 荷物を運んでもらいました。
→ (彼は私に) 荷物を運んでくれました。

(私は母に) 私が作った料理を食べてもらいました。
→ (母は私に? 私のために) 私が作った料理を食べてくれました。

(私は先輩に) ソウルにつれて行ってもらいました。
→ (先輩は私に? 私のために私を) ソウルにつれて行ってくれました。

※ **다음의 문장을 もらう/くれる 2개의 동사를 사용하여 2개의 문장으로 번역하라**

① 친구가 나에게 일본어를 가르쳐 주었다.

(くれる)

(もらう)

② 이 이야기는 비밀로 해 주세요.

(くれる)

(もらう)

③ 미안하지만 회사 그만 두어 줘.

(くれる)

(もらう)

④ 친구가 병문안 와 주었습니다.

(くれる)

(もらう)

⑤ 이사 때 친구가 도와주었다.

(くれる)

(もらう)

⑥ 선생님이 칭찬해 주셨다.

(くれる)

(もらう)

05
관광 안내

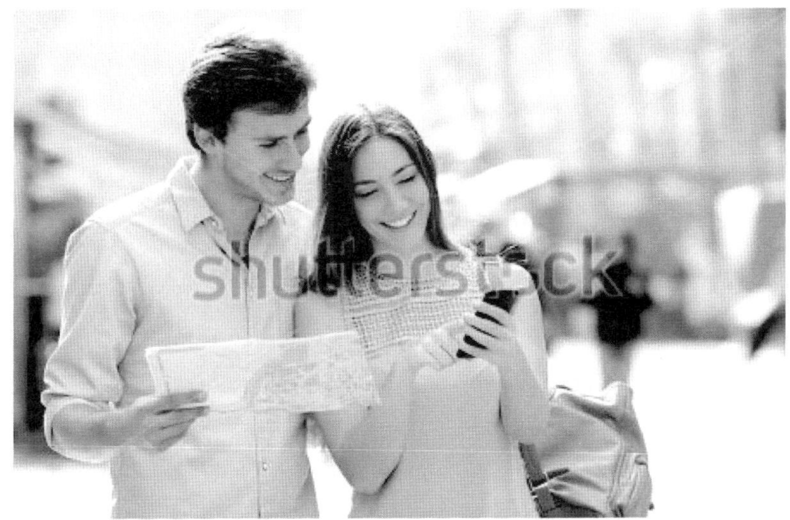

www.shutterstock.com · 260722550

부산에 출장 온 기무라와 부경산업의 박영호가 시내 관광을 함께한다.

朴: 木村さん、どんなところがお好きですか。

木村: そうですね。有名な観光地もいいですが、地元らしい風景も好きですね。

朴: そうですか。釜山には海雲台や広安里などの海水浴場も有名ですし、
　　ジャガルチ市場や国際市場も釜山らしい風景ですね。

木村: ジャガルチ市場や国際市場はガイドブックで見たことがあります。市場
　　は一番地元らしいですね。

朴: ジャガルチ市場は釜山で一番大きい魚市場で、国際市場は映画の背景にも
　　なった釜山ならでは市場ですね。今日は市場ツアーをしましょう。

木村: それはいいですね。ところで釜山は町の中に山が結構ありますね。

朴: ええ、釜山は海と山があるので、どちらかというと神戸や長崎に似ている
　　と言われています。しかし近代化や韓国戦争で独特な町風景になってい
　　ます。では釜山が展望できるところから行きましょう。

木村: 楽しみですね。宜しくお願いします。

ところ	곳, 장소	ツアー	투어
有名な	유명한	ところで	그런데
観光地	관광지	町	시내
地元	그 지방	結構	꽤, 상당히
～らしい	～다운, ～같은	どちらかというと	어디인가 하면
風景	풍경	神戸	고베
海雲台	해운대	長崎	나가사키
広安里	광안리	似ている	닮다
海水浴場	해수욕장	言われる	(그렇게) 말하다, 부르다
ジャガルチ市場	자갈치 시장	近代化	근대화
国際市場	국제시장	韓国戦争	한국전쟁
ガイドブック	가이드북	独特な	독특한
一番	가장, 제일	町風景	마을 풍경
魚市場	어시장	楽しみ	즐거움, 기대
映画	영화	展望	전망
背景	풍경	できる	할 수 있다
～ならではの	특유의, ～이 아니면 할 수 없는		

1 　釜山+らしい

명사+らしい는 '~인 것 같다', '~같은 느낌이 든다' '~답다' 등의 의미가 있는데 여기서는 '~답다'의 의미로 사용되었다.

① 子供らしい子供を育てる
어린이다운 어린이를 키운다.

② ベンチャー企業らしいアイデアとコミュニケーションを活性化する
벤처기업다운 아이디어와 커뮤니케이션을 활성화 한다.

2 　有名ですし

'し'는 병렬과 대비를 나타내는 접속조사이다. 조사も와 함께 쓰여 '~이기도 하고, ~이기도 하다'와 같이 병렬을 나타내며, 조사 'は'와 함께 쓰여 '~이기도 해서'와 같이 대비적인 의미를 나타낸다. 'し' 는 보통체와 존경체 모두 접속이 가능하며, 문말이 보통체일 때는 'し'도 동사 형용사 보통체와 접속해야 한다.
タバコも吸いますし、お酒も飲みます(○) タバコも吸うし、お酒も飲みます。(○)
タバコも吸うし、お酒も飲む。(○) タバコも吸いますし、酒も飲む。(×)

① 材料費も上昇しますし、人件費も上がりますし、製造業は大変です。
재료비는 상승하고 인건비도 올라서 제조업은 힘듭니다.

② 台風は来るし、野外行事はあるし、どうしましょう。
태풍은 오고 야외행사는 있고 어떻게 하지요.

③　見たことがあります

동사 과거형 +ことがある는 '~한 적이 있다'의 뜻으로 과거의 경험을 표현한다. 동사 기본형+ことがある는 '종종 그런 일이 있다'의 뜻으로 습관적인 일을 표현할 때 사용된다.

① 韓国の会社と取引したことがありますか。
　 한국 회사와 거래한 적이 있습니까?

② 日本の会社で働いたことはありますか。
　 일본 회사에서 일 한 적은 있습니까?

③ その会社は納期を延ばすことがあるから困る。
　 그 회사는 납기를 연기하는 일이 (종종) 있어 곤란하다.

④　釜山ならではの市場

'ならではの'는 명사에 접속하여 '~만의'~이 아니고서는 할 수 없는'의 뜻으로 특별함을 나타낸다.

① 彼は世界中を旅しながらその土地ならではの素材を探していた。
　 그는 전 세계를 여행하면서 그 지역만의 소재를 찾고 있었다.

② 手作りならではのシンプルで素朴なものを提供したい。
　 수제만의 심플하고 소박한 것을 제공하고 싶다.

5 ところで

'그런데'의 의미로 갑자기 화제를 전환할 때 사용한다.

① ところで、あの訴訟の判決はどうなりましたか。
그런데 그 소송의 판결은 어떻게 되었습니까?

6 どちらかというと

'굳이 말하자면'이란 뜻을 나타내며 평가가 모호한 사항에 대해 일정한 평가를 내릴 때 사용한다. 'どっちかというと'、'どちらかといえば'도 같은 표현이다.

① 日本企業の研修はどちらかというと堅苦しい雰囲気で行うような印象があります。
일본기업의 연수는 굳이 말하자면 경직된 분위기에서 한다는 인상이 있습니다.

② これまでの工業化ビジネスはどちらかというと変動費中心型でした。
지금까지의 공업화 비즈니스는 비유하자면 변동비중심형이었습니다.

I 명사+らしい

① 会社の**リーダーらしい**振る舞いを身に着けることが重要になった。

② 夏が過ぎて**秋らしい**気温なったと思ったのに、まだまだ暑い日が
続いています。

③. 店長は**若者らしい**センスで言葉を巧みに操る。

④ 日本では丸刈りが清潔で**男らしい**イメージがある。

⑤ **自分らしい**暮らしを実現したい大人世代にライフスタイルを提案
しています。

⑥ 제안서에는 신생 **기업다운** 아이디어와 도전이 눈에 띄었다.

⑦ **북유럽다운** 깔끔하고 심플한 디자인으로 완성되었습니다.

⑧ 방문객에게는 우리 **회사다운** 서비스를 제공하고 있습니다.

⑨ 설문조사에서 가장 **한국다운** 음식은 비빔밥이라고 한다.

⑩ 가장 **일본다운** 도시는 교토라고 생각합니다.

II 동사 과거형+ことが(は)ある

① 過去に該当アプリにログイン**したことがありますか**。

② アカウント登録がめんどうでネットショッピングをやめ**たことが
ある**。

③実際に生産現場を訪ね**たことがありますか**。

④ 弊社の製品をご利用され**たことはありますか**。

⑤ 一度試し**たことはあります**。

⑥ 인터넷에 광고를 **낸 적이 있습니다.**

⑦ 과거에 시장조사를 **한 적이 있습니다.**

⑧ 판매방법을 **바꾼 적이 있습니다만.**

⑨ 현안 사항에 대해 진지하게 **토론한 적이 있습니다.**

⑩ 이 상품계열을 **확충한 적이 있습니다.**

III ならではの

① 乗り心地や収納など女性**ならではの**視点が反映されている。

② 専門店**ならではの**適切なアドバイスが受けられる。

③ 軽自動車**ならではの**実用性と経済性に加えてデザインもこだわった製品である。

④ 北陸**ならではの**海の幸と山の幸をともに味わえる。

⑤ 大阪**ならではの**食べ物ってありますか

⑥ 한국 **회사만의** 독특한 회식 문화가 있다.

⑦ 우리 **회사만의** 노하우와 전문성을 길러야 한다.

⑧ **IT기업이기에** 할 수 있는 효율적인 일처리방법은 무엇인가.

⑨ 고객의 기대를 뛰어넘는 **우리회사만의** 가치창조를 목표로 한다.

⑩ 앞으로도 **어플만의** 신기능을 추가할 계획입니다.

IV どころで

① <u>ところで</u>、取引条件についての確認ですが。

② <u>ところで</u>、明日の会議の資料は出来上がりましたか。

③ <u>ところで</u>、この法律は金融機関以外にも適用されている。

④ <u>ところで</u>、財務課と相談したのでその報告を致します。

⑤ <u>ところで</u>、会社の正式名称は知っていますか。

⑥ <u>그런데</u> 계약조건이 맞지 않으면 다른 회사를 알아볼까요?

⑦ <u>그런데</u> 송금 독촉 메일은 보냈습니까?

⑧ <u>그런데</u> 이번 거래는 두 회사의 사장이 직접 만나서 성사되었다.

⑨ <u>그런데</u> 한국에서는 이런 상품도 팔리고 있습니다.

⑩ <u>그런데</u> 일본의 회식은 어떤 분위기입니까?

V どちらかというと

① 先方の担当者は**どちらかというと**のんびり屋である。

② 豚ニラは**どちらかというと**男っぽい料理です。

③ 彼は**どちらかというと**サッカー派で野球は好きになるとは思わなかった。

④ 私なら**どちらかというと**韓国らしいプレゼントにカードをそえて送ります。

⑤ 私は**どちらかというと**みんなの話を聞いたり場を盛り上げたりするのが得意です。

⑥ 저는 반려동물을 좋아하는데 **굳이 말하자면** 고양이를 더 좋아합니다.

⑦ 거래를 취소할 때는 **어느 쪽인가 하면** 메일로 보내는 것이 좋다.

⑧ 이사회의 결정은 **어느 쪽인가 하면** 찬성이 많다.

⑨ 향후 전망은 **어느 쪽인가 하면** 밝지는 않다.

⑩ 중소기업으로는 **굳이 말하자면** 재무가 탄탄한 편이다.

5 ハ行

パイプ　인맥

パジェット　예산, 경비

バズ・マーケットシェア　입소문

バーター　물물교환, 교환조건

ハッピーコール　고객관리. 판매원이 고객관리를 위해 하는 인사, 알림

ハラスメント　희롱, 학대

パラダイム　패러다임

パラダイムシフト　패러다임 전환

バリアフリー　사회적 약자를 위한 물리적 심리적 장벽을 제거하는 것

バリュー　가격

ハレーション　영향이 강하여 다른 것에도 영향을 끼치는 것

ヒアリング　의견 청취

ビジネスモデル　비즈니스 모델

ヒューリスティック　이론과 수치에 의존하지 않고 직관으로 해답을 구하는 사고방식

ファクトベース　사실에 근거함.

ファシリテーター　촉진자. 진행자

フィードバック　피드백

フィランソロピー　기업의 사회 공헌 활동

プッシュ　지원

プライオリティ　우선도. 중요도

フラット　공평

フリーアドレス　지정석 없는 사무실. 필요에 따라 빈자리에서 작업하는 환경

ブルーオーシャン 블루오션. 전혀 새로운 시장을 개척하여 경쟁상대가 없는 시장
ブルーカラー 생산노동자
プレゼン 프레젠테이션
フレックスタイム 자유 시간 근무제
プロジェクトチーム 프로젝트 팀
プロモーション 프로모션
ペイ 임금, 급료, 수지가 맞음
ベネフィット 이익, 이윤
ペルソナ 서비스를 이용하는 설정된 가공의 고객.
ポテンシャル 잠재능력
ボルトネック 원만한 진행을 방해하는 요소
ホワイトカラー 지식 노동자

자동사 + ている

　　순간 동사일 경우(死ぬ・消える・止まる・止む・倒れる・終わる・到着する 등) 그 동사가 나타내는 사항이 완료된 상태를 나타내고, 계속동사일 경우는 그 행위가 계속되는 것을 나타낸다.

① 部屋の電気が**消えている**。

② 車が家の前に**止まっている**。

③ 雨はすでに**止んでいる**。

④ 전쟁으로 많은 사람이 **죽어있다**.

⑤ 길거리에 술 취한 사람이 **쓰러져있다**.

⑥ 내가 서둘러 갔을 때는 이미 경기가 **끝나있었다**.(끝났다)

06
가격 협상 1

[비즈니스 매너]

일본인은 협상 진행에 있어 사전교섭이 일반화 되어 있다. 사전교섭이란 거래 담당자와 관련부서간의 의견 조율을 말하며 가격협상은 견적제시-가격교섭-가격인하-조건달기-최종가격으로 이루어진다.

오사카물산의 기무라와 부경 산업의 이영호가 가격협상을 한다.

木村: さっそくですが、ほかのメーカーと比べ、貴社の見積もりは若干高めで
　　　はないでしょうか。

朴: こちらも割安の価格を思っているのですが、コストの値上がりが激しく、
　　この価格は、妥当な線だと思います。価格について、少しご検討いただ
　　けないでしょうか。包装の点で、厳しい要求がなければ、単価を5パー
　　セント下げることができます。

木村: 運賃はそちら負担にしていただけると助かります。それと10日前に納品
　　　可能でしたら、こちらは注文を考えます.

朴: 運賃はこちらで負担できるのですが、10日までの納品というのは厳しい
　　です。値段ばかりではなく、シェアもご考慮いただければと思います。

木村: この値段で運送料込みにしてください。

さっそく	바로, 당장	検討	검토
ほか	다른	包装	포장
メーカー	제조회사, 메이커	厳しい	엄격하다
比べる	비교하다	要求	요구
貴社	귀사	単価	단가
見積もり	견적	下げる	내리다, 인하하다
若干	약간, 어느 정도	運賃	운임
高め	높은 편	負担	부담
割安	비교적 싼, 저가	助かる	도움 받다
価格	가격	納品	납품
コスト	생산가, 비용	可能	가능
値上がり	가격상승	注文	주문
激しい	심하다	シェア	시장점유율, マーケットシェア의 준말
妥当だ	타당하다	考慮	고려
線	선, 경계	運送料込み	운송료 포함

❶ 高ょではないでしようか。

 명사의 부정표현인 ではない에 추측 의문의 でしょうか가 접속된 표현으로 격식 있는 정중한 부정의문문이다. '~이/가 아닐까요'의 뜻이지만 강한 긍정을 에둘러 표현한 것이다.

① 高めではないでしょうか。

비싼 편이 아닐까요.

② 今こそ設備投資をする時期ではないでしょうか。

지금이야말로 설비투자를 할 시기가 아닐까요.

❷ ご検討いただけないでしようか

いただけないでしょうか는 もらう의 겸양어인 いただく의 가능형에 부정추측의문 표현인 ないしょうか가 접속된 표현이다. '~해주실수 있을까요'의 의미로 보다 정중하게 부탁할 때 사용한다. 이보다 더 정중한 표현으로 いただけませんでしょうか도 사용된다. 동사는 ます형과 접속한다.

① どうかもう一度お試しいただけないしょうか。
부다 한번 더 시도해 주실 수 있을까요.

② お忙しい中大変恐縮ですが、別日程でご調整いただけませんでしょうか?
바쁘신 중에 대단히 죄송합니다만, 다른 일정으로 조정해 주실 수 있을까요?

 **3** 負担にしていただける。

명사+にしていただける는 상대방에게 정중하게 요구하는 표현으로 '~해주시다'의 의미이다.

① この情報を秘密にしていただけるとありがたい。
이 정보를 비밀로 해주면 고맙겠다.

② いつも頼りにしていただける会社でありたい。
언제나 의지할 수 있는 회사이고 싶다.

 **4** いただけると助かる

助かる는 '구제되다. 살아남다'의 뜻이지만 비즈니스 용어로는 '도움이 되다" 편해지다'의 의미로 사용된다. 아랫사람에게 사용하여 의뢰나 고마움을 표현할 때 사용하므로 손위 상대에게 쓰면 실례가 된다. 손위상대에게는 'いただけると幸いです'가 적절하다.

① 明日の会議のプレゼン資料を送りましたので確認していただけると助かります。
내일 회의 프레젠테이션 자료를 보냈으니 확인해 주시면 고맙겠습니다.

② 改善案についてアドバイスいただけると助かります。
개선안에 대해 조언을 해주시면 감사하겠습니다.

 5 · ご<ruby>考慮<rt>こうりょ</rt></ruby>いただければと思います

명사 존경표현+いただける(받을 수 있다, 얻을 수 있다)의 조건형+ と思う 가 접속된 형태로 '~하셨으면 합니다'의 의미를 표현한다. 명사 존경표현에는 상대의 행위를 높이는 존경어사 사용되어야 하며 겸양어를 사용해서는 안된다. 思う 이외에 と存じる, 幸い등도 많이 사용된다.

① 参加の可否についてご返信いただければと思います。
　참가 여부를 답신해 주셨으면 합니다.

② 契約条件についてご意見いただければと存じます。
　계약조건에 대해 의견을 주시길 바랍니다.

6 · <ruby>運送料込<rt>うんそうりょうこ</rt></ruby>みにしてください

込みは 명사 뒤에 접속하여 '~를 포함해서'의 의미로 사용된다.

① 日本のホテルはサービス料込で利用できる。
　일본 호텔은 서비스 포함으로 이용할 수 있다.

② このプランは音声とデータ通信込みです。
　이 요금제는 음성과 데이터 통신이 포함되어있습니다.

Ⅰ いただけないでしょうか

① どなたか仕組みをご教授**いただけないでしょうか。**

② ご指摘の部分を改善いたしました。ご確認**いただけないでしょうか。**

③ 恐れ入ります。会議の準備ですが、ご協力**いただけないでしょうか。**

④ 先月のお支払いがまだのようでございますので、お調べ**いただけないでしょうか?**

⑤ 今回の事態について原因と対策を教えて**いただけないでしょうか。**

⑥ 지장이 없으시면 최저단가를 가르쳐 **주시겠습니까?**

⑦ 의문사항이 있으시면 이 메일로 직접 답신을 보내 **주시겠습까?**

⑧ 이 샘플을 사용해 보시고 느낀 점을 알려 **주시겠습니까?**

⑨ 잠시 시간을 내**주실 수 있습니까?**

⑩ 조금 더 구체적으로 설명해 **주시겠습니까?**

II　いただけると助かる・幸い

① ご出欠について返信**いただけると幸いです。**

② ご不明点などがありましたら、お手数ですがお電話**いただけると幸いです。**

③ もし、お気づきの点などございましたら、ご指摘**いただけると幸いです。**

④ 貴社営業部門にこのメールを転送して**いただけると幸いです。**

⑤ まことに身勝手なお願いではございますが、提出までに5日ほどの猶予を**いただけると幸いです。**

⑥ 기획 내용에 대해 공개 가능한 범위에서 가르쳐 **주시길 바랍니다.**

⑦ 과거 판매 실적에 대해 알려**주시길 바랍니다.**

⑧ 귀사의 제품에 대한 자료가 있으면 송부해 **주시길 바랍니다.**

⑨ 아래 질문에 답변을 **주시길 바랍니다.**

⑩ 이것을 유효하게 활용**하시길 바랍니다.**

Ⅲ ～にしていただける

① この資料は初心者にとっても**参考にしていただける**内容となっております。

② 安心して**口にしていただける**商品を、お求めやすい価格でお届けできるよう日々努力しています。

③ 弊社は世界中の人々が日々の生活をもっと**豊かにしていただける**ような、サービスの提供を目指しております。

④ 科学への探究心を深める**日にしていただき**と思います。

⑤ お互いに意義な**会議にしていただける**内容になっています。

⑥ 상담을 **손쉽게 할 수 있는** 장소로도 활용 할 수 있습니다.

⑦ 자신의 **시간을 소중히 할 수 있는** 새로운 방법을 소개합니다.

⑧ 직접 **체험할 수 있는** 기간한정 캠페인을 개최합니다.

6 マ行·ラ行·ワ行

マイルドストーン 프로젝트의 작업별 일정
マインドセット 교육, 시대상황으로 형성된 기본적인 사고방식
マーケティング 마케팅

マージン 마진. 수수료
マスタースケジュール 프로젝트의 전체 스케줄

マスト 필수
マニュアル 매뉴얼

マンパワー 인적자원
ミッション 미션, 기업과 종업원이 공유해야 할 가치관. 사명

メーカー 메이커, 제조업
メセナ 기업의 예술과 문화 활동 지원

メソッド 방식, 방법
メンタルヘルス 정신적 건강

モジュール 모듈
モチベーション 동기부여

モック 전시회에 사용되는 상품 모형

ラ行

リーク 기밀정보 유
リコール 리콜
リスクヘッジ 예측 가능한 위험에 대비하는 것
リスクマネジメント 위기관리

リストラ 구조조정
リーダーシップ 리더십
リテールサポート 소매점 지원
リテラシー 이해력, 응용력

リードタイム 발주부터 납품까지 걸리는 시간
リベート 리베이트
ルーチンワーク 반복 작업

レイオフ 일시적 해고
レス・レスポンス 반응, 응답
レットオーシャン 레드 옥션. 경쟁이 심한 시장
ロット 최소생산단위

ワ行

ワークショップ 워크숍
ワークスタイル 노동방식

ワークシェアリング 일거리 배분. 실업자 증가 방지를 위해 노동자간 일을 나누는 것

가능 표현

(1) 접속방법
＊5단동사 : 어미인 u단 → e단+る

(か**く**→か**ける**　よ**む**→よ**める**　の**る**→の**れる**　い**う**→い**える**

はな**す**→はな**せる**)

＊1단동사 : 어간+られる

(**おしえる**→おしえ**られる**　**き**る→き**られる**　**ね**る→ね**られる**)

＊변격동사 : する　→　できる

　　　　　　　くる　→　こられる

＊그 외에 동사원형에 「～ことができる」를 붙여서 만드는 방법이
　있다.

・私は日本語を話す**ことができます**。

・彼は車の運転をする**ことができません**。

・ここではパソコンを使用する**ことができます**。

(2) 동사의 가능형과 조사
가능형의 문장에서는 일반적으로 조사「が」를 사용하나,
최근에는「を」를 그대로 사용하는 경우도 많다.

・英語の新聞**が**読める。

・車の運転**が**できる。

・日本語**が**上手に話せる。

(3) ら抜きことば

「見る 着る 食べる」의 가능형은 「見られる 着られる 食べられる」이나,
「ら」를 생략하여 「見れる 着れる 食べれる」처럼 사용하기도 한다.
이것을 「ら抜きことば」라고 한다. 「くる」는 「これる」로 사용하기도 한다.

①　　　병원에 **갈 수 없을** 정도로 바빴다.

②　　　누구에게도 **말할 수 없는** 비밀이다.

③　　　지하철이 만원이라 **앉을 수가 없어서** 1시간이나 서서 왔다.

④　　　2주일 정도 **빌려드릴 수 있지만** 그 이상은 안 돼요.

⑤　　　요리를 잘 **만들 수 있도록** 요리교실에 다니자.

⑥　　　이번 주말에 우리 집에 **놀러 올 수 있으면** 좋을텐데....

07
가격 협상 2

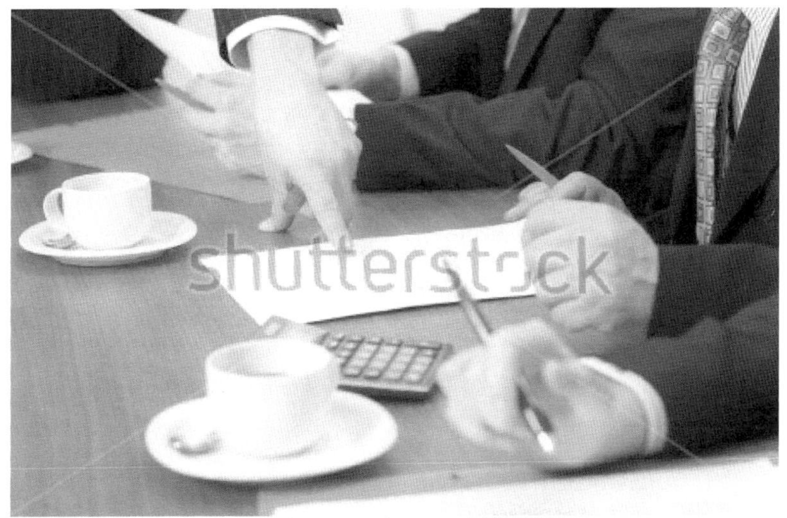

www.shutterstock.com · 10712797

　일본인과의 협상은 협상 테크닉보다는 협상에 대비한 제품에 대한 충분한 자료를 준비하고 상대가 이를 충분히 검토할 수 있도록 시간적 여유를 갖는 것이 중요하다. 자료에는 제품에 대한 상세한 설명, 적정가격제시, 샘플이 포함되어야 한다.

木村: Ａモデルの2台の見積もりをいただきたいですが。

朴: どれくらいのお値段をお考えですか。

木村: そうですね。同スペックのB社よりは安くしてもらいたいですが。

朴:一台につき200万円ならいかがでしょうか。

木村: 思ったより高いですね。もう少し安くならないでしょうか。

朴: もう一台のご注文であれば2％値引きはできますが。

木村: そうですか。もう少し検討させてください。

朴: ご希望の取引条件も検討いたしますので、宜しくお願いします。

見積もり	견적
値段	가격
安い	싸다
～につき	～마다, ～당,
注文	주문
値引き	인하
検討	검토
希望	희망
取引条件	거래조건

① 一台につき

~につき는 명사와 접속하여 단위를 표시하며 '~에, ~마다, ~당'의 의미를 나타낸다.

① 大人お客様1名様につき小学生以下の1名様が無料です。
어른 1명당 초등학생 이하 1명이 무료입니다.

② 通話料は２０秒につき１０円かかります。
통화료는 20초마다 10엔 듭니다.

② 200万円ならいかがでしょうか。

なら는 '~(이)라면'의 조건을 나타내며 いかがでしょうか는 '어떻습니까'를 의미한다. どうですか보다 정중한 표현으로 제안을 할 때 사용한다.

① 櫻がまだならタンポポはいかがでしょうか。
벚꽃구경이 아직이라면 민들레는 어떻습니까?

② 納期は二週間までならいかがでしょうか。
납기는 2주일간까지면 어떻습니까?

3 ご注文であれば

であれば는 だ(~이다)의 문어체인 である의 가정표현이다. '~(이)라면'의
뜻을 나타낸다. 명사의 가정표현으로는 ~ならば도 사용된다.

① 必要なことであれば問題を提起し、議論を尽くす。
　필요한 일이면 문제를 제기하고 토론에 최선을 다한다.

② この製品は多少の水分であれば内部への浸透を防ぐことができます。
　이 제품은 적은 수분이라면 내부로 침투하는 것을 막을 수 있습니다.

4 検討させてください

사역형+てください는 상대에게 허가를 구하는 형식의 의뢰표현으로 '~하게 해 주십시오'의 의미이며 즉, 그러한 행위를 하겠다는 의도가 강하다.

① ひとつ確認させてください。
　한 가지 확인하겠습니다.

② もう一点質問させてください。
　질문을 하나 더 하겠습니다.

Ⅰ ~につき

① 当ホテルはミネラルウォーター(**1部屋につき**2本)も用意しております。

② お子様もお楽しみいただけるデザート(**お一人様につき**一皿)を提供いたします。

③ 会員様**1名につき**、4枚まで申込み可能です。

④ 제품 1개**당** 119%의 코스트 증감이 됩니다.

⑤ 응모는 1명**당** 1회에 한합니다.

⑥ 유아는 어른 1명**당** 1명 무료, 두 명이상은 어린이 요금이 적용됩니다.

II ～であれば

① ビジネスマン**であれば**基本的にはオーソドックスな服装でプレゼンテーションを行うのがいい。

② 法人向け製品**であれば**、彼らの社内の注文書の承認プロセスを理解すべきである。

③ 1,000個以上のご注文**であれば**、特別価格でご提供させて頂きます。

④ 재고품**이라면** 당일 출하가 가능합니다.

⑤ 납기를 연기 못**하시면** 가격을 교섭할 여지가 있습니다.

⑥ 예산을 양보하지 **않으시면** 스펙이나 납기를 교섭할 수밖에 없습니다.

Ⅲ ~(さ)せてください

① 耳の不自由な人に「搭乗券を拝見**させてください**」とお伝えしました。

② 私から2件、ご報告を**させてください**。

③ 後日お答え**させてください**。

④ 조금 더 이야기를 이어 **가겠습니다.**

⑤ 이번 기회에 팀 전체에게 감사의 말씀을 전하고 **싶습니다.**

⑥ 꼭 한번 상담(商談)해 **주십시오**

08
항의와 사과

사과를 할 때는 나쁜 인상을 주지 않도록 하기 위해 '사과의 말-이유-대처-앞으로의 주의'의 순서로 말을 하는 것이 좋다.

부경산업의 상품이 약속한 날짜에 도착하지 않아 다음날 부경산업의 박영호와 담당자인 이민철이 오사카산업의 기무라 과장을 방문한다.

朴: この度は大変ご迷惑をおかけしました。

李: 本当に申し訳ございませんでした。担当者として、深くお詫び申し
　　上げます。

木村: ま、どうぞおかけください。

李: この度、私どもの不手際で発送ミスがありまして。至急手配いたし
　　ましたので、来週末までには御社に届くことになっております。

木村: そうですか。わかりました。

朴: 今後はこのようなことがないように十分注意いたしますので、どう
　　かこれからもよろしくお願いします。

(다음주) 이민철은 오사카 산업의 기무라 과장에게 상품이 도착했는
지 확인 전화를 한다.

木村: お電話変わりました。木村です。

李: 釜慶産業の李でございます。いつもお世話になっております。

木村: こちらこそお世話になっております。

李: 木村課長、この度は誠の申し訳ございませんでした。商品は着きま
　　したでしょうか。

木村: ええ、先ほど工場から連絡がありました。

李: そうですか。今後はこのようなことが起こらないように注意いした
　　します。

この度	이번		来週末	다음주 주말
大変	대단히, 매우, とても보다 격식 있는 표현		御社	귀사
迷惑	폐, 곤란		届く	도착하다
本当に	정말로		今後	앞으로
申し訳	변명		十分	충분히
担当者	담당자		注意	주의
深く	깊이		どうか	부디, 제발
お詫び	사죄		商品	상품
私ども	저희		先ほど	조금전
不手際	불찰, 실수		着く	도착하다
発送	발송		工場	공장
ミス	실수, 미스		連絡	연락
至急	급히		起こる	일어나다
手配	수배, 조치			

1 ご迷惑をおかけしました

迷惑をかける는 '폐를 끼치다'라는 의미이며 お＋동사의 ます형＋する의 겸
양형식으로 존경을 표현한다.

① 多大な**ご迷惑をおかけして**、心から申し訳なく存じます。
큰 폐를 끼쳐 진심으로 죄송하게 생각합니다.

① **お手数おかけします**が、一週間以内にご連絡いたします。
수고를 끼칩니다만 일주일 이내에 연락드리겠습니다.

2 私どもの不手際で

不手際는 솜씨가 나빠 일처리가 나쁜 것을 의미한다. 비즈니스에서는 실수,
착오 등을 표현할 때 많이 사용한다.

① 今後はこのような**不手際**が起こらぬよう、十分に注意を払う所存
でございます。
앞으로는 이와 같은 실수가 일어나지 않도록 충분히 주의를 하
도록 하겠습니다.

② 初期判断の甘さや、事実と異なる説明など**不手際**があり、深くお
わびします。
초기 판단 착오나 사실과 다른 설명 등 실수가 있어 깊이 사죄
드립니다.

3 御社に届くことになっております

ことになる는 회사, 단체, 사회 등에서 결정한 약속, 법률, 규율, 습관 등에 사용되며 '~하기로 되어있다'라는 뜻이다. ~ております는~ています의 겸양 표현이다.

① 折あしく社用のため出張せねばならぬ**ことになっておりまして**、まことに残念ながら欠礼いたします。
공교롭게도 회사일로 출장을 가야해서 아쉽지만 결석하게 되었습니다.

② 事業主と被保険者とが折半して負担する**ことになっております**。
사업주와 피보험자가 반씩 부담하기로 되어있습니다.

4 このようなこと

ようだ는 このようなこと처럼 연체사, 명사+の, 동사·형용사의 연체형에 접속하여 '~와 같이, 처럼'의 뜻으로 예시나 비유를 들 때 사용된다.

① **このような**要求は不当である。
이 같은 요구는 부당하다

② **このような**状況を打破すべく、マーケティング戦略を変更・実行しました。
이 같은 상황을 타파하기 위해 마케팅 전략을 변경하고 실행했습니다.

 5 起こらないように

여기에서의 よう(に)는 의지나 권유를 나타내며 '～하도록'의 뜻이다.

① 見積・発注依頼の際は、お電話、ＦＡＸ、ＷＥＢサイトからご連
  絡くださります**よう**お願いいたします。
  견적, 발주 의뢰는 전화, 팩스, 웹사이트로 연락 주시길 바랍니다.

② お客様がビッグデータをより深く理解して活用し、利益を生み出
  せる**よう**確実に支援します。
  고객이 빅데이터를 보다 깊이 이해하고 활용하여 이익을 만들
  수 있도록 확실히 지원하겠습니다.

Ⅰ お～します

① ご心配**おかけし**申し訳ありません

② ただ今おかけになった電話を**お呼びしました**が、おつなぎできませんでした。

③ご指摘通りにセンサー不具合が発見されました。ご迷惑をおかけして誠に申し訳なく心より**お詫びいたします**。

④ 모처럼의 약속임에도 사정상 못가게 되었습니다. 무례함을 **용서해 주시기 바랍니다.**

せっかく約束いたしておきながら、たしましたごお許しくださ

⑤ 무리한 부탁입니다만 2주간의 유예를 **받을 수 있을까요?**

⑥ 발표회에 불참하게 되어 관계자 분들에게 지대한 폐를 끼친 점 진심으로 **사죄의 말씀 올립니다.**

Ⅱ ～ことになっております

① 原則として輸入側が調整コストを負担する**ことになっております。**

② 具体的な手続等は登録認証機関が定める**ことになっております。**

③ 一ヵ月に一度、社長を議長として会議をする**ことになっております。**

④ 일본에서는 일반적으로 휴대폰 번호는 알려주지 않는 **것으로 되어 있다.**

⑤ 이자는 매월 20일에 지불하기로 **되어 있습니다.**

⑥ 성분을 모두 명기하기로 **되어 있습니다.**

Ⅲ ような~와 같은, ~처럼

① 大人も子供も満足させる**ような**商品となっている。

② 仕事で疲れた時、同僚・上司にどの**ような**ことを言われたいですか。

③ 次の世代に回す**ような**ことがあってはならない

④ 이 기획안은 **다음과 같이** 획기적인 내용을 담은 것입니다.

⑤ 국채(國債)가 **폭락하는 일**은 없을 것이다.

⑥ 커뮤니케이션에 도움 될 **수 있는** 제품을 제공하고 싶다.

IV ~ように~하도록

① 遠隔で室内の温度を管理できる**ように**したい。

② 誰でも簡単に探せる**ように**、利用情報を充実させたポータルサイトです。

③ これにより確実にキャンセル料を減らすことが出来る**ように**なりました。

④ 누구라도 간단히 **이용 가능하게** 되었습니다.

⑤ 인터넷에서도 **신청 가능해** 졌습니다.

⑥ 라이프스타일에 맞는 계획을 **선택할 수 있게** 되었습니다.

09
전화 응대 1
- 전화걸기

09. 전화 응대 1
- 전화걸기

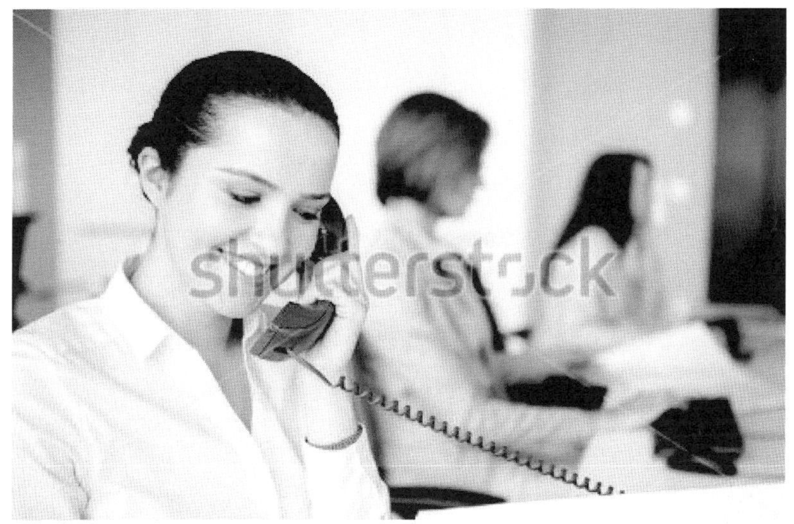

www.shutterstock.com · 226243768

부경산업의 박영호가 일본의 오사카산업의 기무라 과장에게 전화를 건다.

大阪産業: お電話ありがとうございます。大阪産業でございます。

朴: 釜慶産業の朴ですが、 木村課長に再来週の合同ミーティングの件でお電
話いたしました。木村課長はいらっしゃいますでしょうか。

大阪産業: 大変恐れ入りますが、お名前をフルネームで頂戴できますでしょうか。

朴: 韓国の釜慶産業の朴栄浩と申します。

大阪産業: 釜慶産業の朴様でいらっしゃいますね。いつもお世話になっており
ます。木村課長ですね。少々お待ちください。

木村: お電話代わりました。木村です。

朴: 釜慶産業の朴です。いつもお世話になっております。今お時間よろしいで
しょうか。

(용건을 전한다)

朴: 本日はお忙しいところお時間をいただき、ありがとうございました。
よろしくお願いします。

木村: はい、分かりました。

朴: では、失礼いたします。

電話	전화	頂戴する	받다
大阪産業	오사카산업	お待ちください	기다려 주세요
再来週	다다음주	代わる	대신하다 바꾸다
合同	합동	世話	신세
ミーティング	미팅	時間	시간
件	건	よろしい	좋다, いい의 격식 있는 표현
大変	매우 대단히	本日	오늘, 今日의 격식있는 표현
恐れ入る	황송하다	分かる	알다, 이해하다
フルネーム	풀네임	失礼する	실례하다

 お電話いたしました。

いたす는 する의 겸양동사로 자기 측의 행동을 낮추어 표현하여 상대를 높이는 존경어이다. 반대로 상대를 높이는 する의 존경동사는 される이다. お電話의 お는 일본 고유명사, 일본식 한자어 앞에 쓰여 명사를 높이거나 아름답게 꾸며준다.

① メールにて失礼**いたします**。
(직접 찾아뵙지 않고) 메일이라서 죄송합니다.

② 今後の日程についてご説明**いたします**。
향후 일정에 대해 설명 드리겠습니다.

③ 本日のお打ち合わせの件は、社内で検討を行ったのち、改めてご連絡を**いたします**。
오늘 모임에서의 일은 사내에서 검토한 후 다시 연락드리겠습니다.

② 木村課長はいらっしゃいますでしようか。

いらっしゃる는 계시다의 뜻으로 いる(있다)의 존경어이다. 여기에 추측 의문인 でしょうか가 결합된 표현으로 보다 정중함을 나타낸다.

① どなたか教えて下さる方**いらっしゃいますでしょうか**。
누군가 가르쳐 주실 분 계신가요?

② 皆さんの中にも**いらっしゃいますでしょうか**。
여러분 중에서도 계신가요?

③ 恐れ入りますが

恐れ入る는 '송구하다'의 의미로 비즈니스에서는 주로 윗사람이나 손님에게
부탁을 할 때 감사와 죄송의 마음을 표현한다. 비슷한 표현의 申し訳ござい
ません은 죄송의 뜻이 더 강하다.

① **恐れ入りますが**、折り返しお電話をいただけますでしょうか。
   죄송하지만 전화 주실 수 있을까요?

② **恐れ入りますが**、こちらにサインをお願いいたします。
   죄송하지만 이쪽에 사인을 부탁합니다.

④ 朴様でいらっしゃいますね。

명사+でいらっしゃる는 명사+です의 존경표현으로 '~이시다'의 뜻이다. 문
말에 ね를 첨가하여~이네요 라는 확인의 뜻을 표현한다.

① ところで大阪のご出身**でいらっしゃいますね**。
   그런데 오사카 출신이시죠?

② 木村様、お二人**でいらっしゃいますね**。
   기무라님, 두분이시죠?

 **お時間をいただき、ありがとうございました。**

いただくは もらう(받다)의 겸양어이다. ありがとうございます、すみません 를 같이 사용하여 상대의 행위를 받은 감사의 마음을 표현한다. 해석은 '~해주셔서'가 된다.

① たくさんのご参加を**いただき**、誠にありがとうございました。
   많이 참가해 주셔서 진심으로 감사드립니다.

② ご支援を**いただいた**皆様に心から感謝申し上げます。
   지원을 해주신 여러분께 마음으로부터 감사의 말씀 올립니다.

I ～いたす

① この地域の市場調査を**いたしました。**

② さらに企業環境が悪化**いたしました**場合には可能な措置をしております。

③ では、本人に確認をいたしまして折り返しご連絡を**いたします。**

④ 貴店よりのご注文品と他店へ発送の品を間違えたことが判明**いたしました。**

⑤ さっそく別便にて送付の手配を**いたしました。**

⑥ 아래와 같은 순서로 재활용을 **실시합니다.**

⑦ 오늘부터 정상영업 하오니 올해도 잘 **부탁드립니다.**

⑧ 광범위한 각도에서 재검토하여 제가 **지시하겠습니다.**

⑨ 이 결과를 근거로 **분석했습니다.**

⑩ 원안대로 가결해야 한다고 **결정했습니다.**

Ⅱ ～でいらっしゃる

① 秋の夜長の季節を迎えました。いかがお過ごし**でいらっしゃいますか**。

② 先生はお元気**でいらっしゃいますか**。

③ 本日は山田とお約束**でいらっしゃいますか**。

④ どのようなご用件**でいらっしゃいますか**。

⑤ 失礼ですが、どちら様**でいらっしゃいますか**。

⑥ 그 점에 대해서는 어떤 **생각이십니까?**

⑦ 박영호씨는 대단히 겸손하고 근면한 **분이십니다.**

⑧ **기획부장이실** 때 만난 적이 있습니다.

⑨ 오사카 **출신이시군요.**

⑩ 영업사원**이시군요.**

Ⅲ ～をいただき

① 1763通ものご応募**をいただき**、誠にありがとうございます。

② 昨日は貴重な機会**をいただき**、大変感謝しております。

③ 諸々のご教示**をいただき**、厚くお礼を申し上げたいです。

④ 多くの方にご協力**をいただき**、ありがとうございました。

⑤ 先ほど詳細なご報告**をいただき**ました。心から感謝申し上げます。

⑥ 대단히 귀중한 지적을 **해 주셔서** 진심으로 감사드립니다.

⑦ 이른 아침부터 발걸음 **해 주셔서** 진심으로 감사드립니다.

⑧ 위원들께서 높은 평가를 **해 주셔서** 진심으로 감사드립니다.

⑨ 친절한 설명을 **해주셔서** 대단히 감사드립니다.

⑩ 언제나 많은 코멘트를 **해 주셔서** 감사드립니다.

1. 전화걸기

비즈니스 전화는 전화 하나로 회사의 인상이 좌우된다. 아래 사항에 주의하자.

(1) 용건은 간단히

상대방도 본인도 한정된 시간 내에 업무를 한다. 전화를 걸기 전에 미리 용건이나 내용을 정리해서 메모해 두는 습관을 갖자.

(2) 전화를 거는 시간대를 배려한다.

・이른 아침과 퇴근직전은 피한다.

급한 용무나 중요한 용무가 아니면 아침 일찍 거는 것은 피한다. 되도록 업무 시작 10후부터 건다. 어쩔 수 없이 이른 아침에 전화를 걸 때는 「朝早くからすみません」「お忙しい時間帯に申し訳ありません」과 같은 첨언으로 한다. 또 상대의 잔업 상황을 모르는 경우 업무마감 직전의 전화는 실례가 되므로 피한다.

・근무 시간 외에는 피한다.

긴급 사항이 아니면 점심시간이나 근무시간외에 전화하는 것은 실례이다. 어쩔 수 없이 전화할 때는 「昼休み中申し訳ありません」「時間外ですがよろしいでしょうか」와 같은 첨언을 한다.

(3) 전화는 조용히 끊는다.

・전화는 건 쪽이 먼저 끊는 것이 기본이다.

수화기를 놓는 소리가 들리는 것은 상대에게 불쾌감을 줄 수 있으므로 손가락으로 후크 버튼을 누르고 상대가 완전히 끊은 것을 확인한 후 수화기를 놓는다.

・상대가 고객이면 상대가 끊은 후에 끊는다.

이쪽에서 건 전화라도 상대가 고객인 경우에는 고객이 끊은 것을 확인하고 나서 전화를 끊는다.

2. 전화걸 때 주요 표현

(1) 상대 회사의 안내, 다른 사람이 받으면
① 이름을 먼저 말한다.
　釜慶産業、営業部の朴栄浩と申します。
　부경산업 영업부의 박영호라고 합니다.

② 평소의 거래에 대한 답례를 말한다.
　いつも大変お世話になっております。
　언제나 큰 신세를 지고 있습니다.

③ 상대의 소속부서, 이름과 직함을 말한다.
　製造部の木村課長はいらっしゃいますでしょうか。
　제조부의 기부라부장님은 계십니까?

④ 상대가 부재중일 때는 돌아오는 시간과 다시 전화할 것을 전한다.
　お戻りは何時ごろのご予定でしょうか。
　몇 시경에 돌아오실 예정이신가요?

それでは改めてこちらからご連絡差し上げます。ありがとうござい
ました。
그럼 다시 제가 연락드리겠습니다. 감사합니다.

(2) 상대가 용건이 있어 전화한 경우

① 상대가 전화를 했다는 것을 전한다.
木村様からお電話を頂いたようなのですが、お戻りは何時ごろ
のご予定でしょうか。
기무라 씨께서 전화를 하신 것 같습니다만, 몇 시쯤에 돌아오
실 예정이십니까?

② 다시 전화해 줄 것을 전한다.
恐れ入りますが、お電話を頂きたい旨をお伝えいただけますで
しょうか。

③ 회사명, 이름, 전화번호를 전한다.
私は釜慶産業の朴栄浩と申します。電話番号は〇〇です。

④ 감사의 말을 전하고 전화를 끊는다.
それでは宜しくお願いします。ありがとうございました。

(3) 상대와 연결 되었을 때

① 상대의 소속부서, 직명, 이름을 한 번 더 확인 한다.
木村様でいらっしゃいますか。

② 자신의 회사명, 부서, 이름을 말한다.
わたくしは釜慶産業の朴栄浩と申します。

③ 평소의 거래에 대한 인사를 한다.
いつもお世話になっております。

④ 상대의 상황을 묻는다.
木村様、今5分ほどお時間頂戴してもよろしいでしょうか。

⑤ 용건을 요령 있게 간결히 전한다.
(용건을 전한다)

⑥ 감사의 말을 전하고 전화를 끊는다.
お時間を頂戴しまして、ありがとうございました。それでは失礼
いたします。

10

전화 응대 2
– 부재중일 때

부경산업의 박영호는 오사카 산업
의 기무라에게 전화하지만 부재중
이라 용건 전달을 부탁한다.

田中: はい、大阪産業の営業部でございます。

朴: 私、釜慶産業の朴栄浩と申します。

田中: 釜慶産業の朴様でいらっしゃいますね。いつもお世話になっております。

朴: こちらこそ、いつもお世話になっております。木村課長はいらっしゃいますでしょうか。

田中: 申し訳ございません。あいにく木村は外出しておりまして3時に戻る予定でございます。

朴: そうですか。

田中: 差支えがなければ代わりにご用件をうけたまわりましょうか。

朴: それでは、明日の合同ミーティングは予定通り14時より行います、ということを木村課長にお伝え頂けますでしょうか。念のためにお名前を頂戴できますか。

田中: 私、営業部の田中と申します。明日の合同ミーティングは予定通りということでございますね。かしこまりました。木村が戻るしだいお電話するようにお伝えします。念のため、お電話番号をもう一度お願いいたします。

朴: はい。010の1234の4679です。

田中: 010の1234の4679ですね。かしこまりました。

朴: それでは宜しくお願いします。失礼いたします。

営業部	영업부	合同	합동
あいにく	공교롭게도	ミーティング	미팅
外出	외출	～通り	～대로
戻る	돌아오다	伝え	전달
予定	예정	念のために	만일을 위해
差支え	지장	頂戴する	받다의 겸양어
代わり	대신	かしこまる	알다의 겸양어
用件	용건	～しだい	～하는 즉시, 바로
うけたまわる	받다의 겸양어		

1　あいにく

あいにく는 상대의 기대에 부응하지 못하는 상황에서 '공교롭게도, 때마침'의 의미로 사용된다. 명사가 이어질 때는 の를 첨가한다.

① **あいにく**その日は予定が入っておりまして…
　　때마침 그날은 다른 예정이 있어서…

② **あいにく**の空模様ですが…
　　하필 날씨가 안 좋습니다만…

2　差支えがなければ

差支え는 지장, 지장이 되는 일이란 뜻으로 일반적으로 ない, なければ 등의 부정 표현과 같이 사용하여 '지장이 없으면, 괜찮으시다면'이란 뜻으로 상대에게 거절을 해도 괜찮다는 뉘앙스가 포함되어 있다. 비슷한 표현으로 「問題なければ」「可能であれば」가 있다. 이 표현들은 단독으로 사용하면 강한 어조가 되므로 「問題なければ、〜していただけますか」「可能であれば、〜についてご検討いただけますか」와 같은 표현을 사용한다. 상대에게 결례가 되지 않도록 하려면 「差支えがなければ」를 사용한다.

① **差し支えなければ**、こちらにお名前を頂戴してもよろしいですか。
　　괜찮으시다면 이쪽에 이름을 적어주시겠습니까?

② **差し支えなければ**、この後お時間をいただいてもよろしいでしょうか。
　　괜찮으시다면 나중에 시간 내어 주시겠습니까?(상대가 거절 가능한 의뢰에 대해 사용한다)

③ **予定通り**

とおり는 형식명사처럼 사용될 때는 ~대로, ~듯이, ~처럼의 뜻으로 쓰인다.

① 下記の**通り**ご報告いたします。

아래와 같이 보고 드립니다.

② 先日ご連絡いただきました**通り**、注文した商品、確かに着荷いたしました。

며칠전 연락 받은 대로 주문한 상품은 확실히 착히했습니다.

④ **戻るしだい**

しだい는 순서, 경위를 나타내는 말로 명사나 동사 연용형에 접속하여 '~대로', '~하는 즉시, '~하자마자'의 뜻으로 사용된다.

① 決まり**次第**、ご連絡させていただきます。

결정되는 즉시 연락드리겠습니다.

② 終わり**次第**、電話を入れます。

끝나는 즉시 전화 드리겠습니다.

Ⅰ あいにく

① **あいにく** 品切れとなり、申し訳ございません。

② **あいにく** 持ち合わせがございません。

③ **あいにく** 予約が埋まっております。

④ **あいにく** 名刺を切らしておりまして..

⑤ **あいにく** 当日は先約がありまして、欠席させていただきます。

⑥ **공교롭게도** 다른 예정이 있어서 일정조정이 어려운 상황입니다.

⑦ **공교롭게도** 업무가 밀려서 제안하신 날짜는 조금 어렵겠습니다.

⑧ **공교롭게도** 오후 2시에는 손님이 계시므로...

II 差支えがなければ

① **差支えなければ**、日程の変更をお願いする次第です。

② **お差支えない**範囲で、ご検討いただけますようお願いいたします。

③ 天然色素は使用してほとんど**差支えがない。**

④ **差し支えなければ**、先程の件について、ご教示願えないでしょうか。

⑤ **差し支えなければ**、退会理由を教えていただけますか。

⑥ **괜찮으시다면** 다음 주에 뵐 수 있습니까?

⑦ **괜찮으시다면,** ○○에게 말씀 전해주시겠습니까?

⑧ **괜찮으시다면** 성함을 가르쳐주실 수 있습니까?

⑨ **괜찮으시다면** 메일주소를 가르쳐 주시겠습니까?

⑩ **괜찮으시다면** 나중에 전화주시겠습니까?

III 予定通り

① ご指摘の**とおり**、請求書の金額に誤りがございました。お詫び申し上げ ます。

② 注文**どおり**の商品の送付をお願いいたします。

③ ご承知**の通り**、品質に対する意識低下が指摘されました。

④ 当初の契約**通り**の条件でお願いいたします。

⑤ お品物の納期ですが、ご希望**通り**の10月30日に納品が可能です。

⑥ 신년 4일은 평소**대로** 10시부터 영업을 개시합니다.

⑦ 이하와 **같이** 정정하여 새로운 견적서를 첨부하오니 확인해 주시기 바랍니다.

⑧ 부탁드릴 내용은 아래와 **같습니다.**

⑨ 오늘 즉시 설명서**대로** 사용해본 결과 모터가 돌지 않습니다.

⑩ 현재 도저히 희망하신**대로는** 하기 어려운 상황입니다.

IV ~しだい(次第)

① ただいま原因を調査しておりますので判明**しだい**お知らせいたします。

② 定員になり**次第**締め切らせていただき、参加者にはメールでご通知します。

③ 準備でき**次第**新しい製品カタログ、価格表をお送りいたします。

④ 確実な納品日が分かり**次第**、すぐにご連絡いたします。

⑤ ご注文いただきました商品は、入荷**次第**お届けしので、もうしばらくお待ちください。

⑥ 회장님, 예상이 정해지는 **대로** 정식으로 연락드리겠습니다.

⑦ 샘플이 완성 되는**대로** 다시 상담하겠습니다.

⑧ 수정되는 **대로** 즉시 다시 보내주십시오.

11
비즈니스 E메일 1
- 약속, 변경, 안내

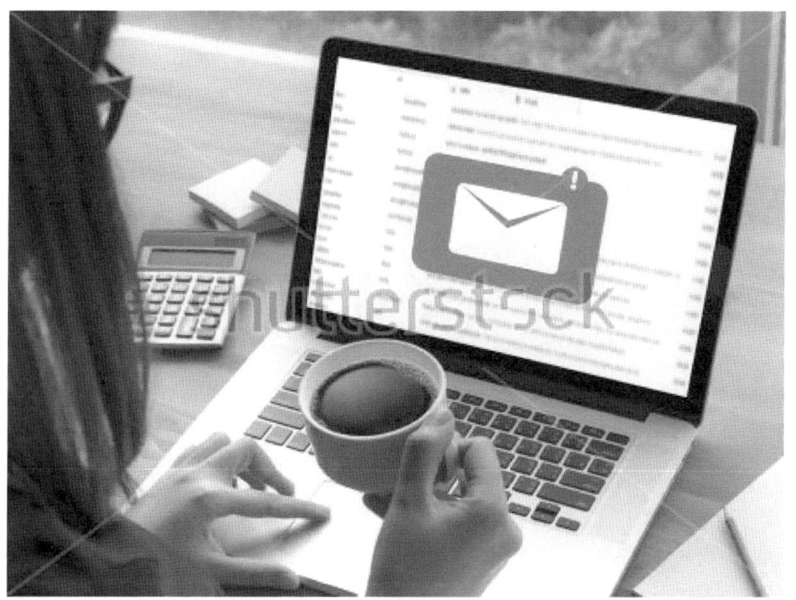

www.shutterstock.com · 640282462

비즈니스에 필요한 약속, 변경, 안내에 관한 E메일 표현을 알아본다.

1) 약속 정하기
田中社長と一時間ほどお会いできますでしょうか？
私としましては、今回の取引について田中社長と一度お会いして相談
すべきだと思っております。いつ頃でしたらお時間をいただけますか？

2)예정 변경
お電話いたしましたがつながらなかったため、メールでご連絡差し上げ
ますことをお許しください。
大変ご迷惑をおかけ致しますが、明後日の面会のお約束をキャンセル
せざるを得なくなってしまいました。厚かましいおたずねではあります
が、予定していたよりも前か、もしくは後の時間にお会いすることは
可能でしょうか？

3)지불방법
お支払総額は3万ドルとなっております。
大変申し訳ございませんが、当社の規定によりましてお支払いはアメ
リカドルでのみ受け付けております。

5)재고부족 안내
大変ご迷惑をおかけして申し訳ございません。
当社におきましてはすでに在庫切れとなっております。
つきましてはまず先の予約いただいた分はキャンセル扱いとさせていた
だき、いつごろ新しい商品が入荷するかにつきましては急ぎ調べました
後に、改めて解答させていただきたく存じます。

ほど	정도	規定(きてい)	규정
～としましては	～로서는	～による	～에 따르다, ～에 의하다
相談(そうだん)	상담	～のみ	～만, ～뿐
つながる	연결되다. 이어지다	～におきましては	～로서는
ため	때문에	すでに	이미
許(ゆる)す	허락하다 용서하다	在庫切(ざいこぎ)れ	품절
～ざるを得(え)ない	～할 수 밖에 없다	つきましては	따라서
厚(あつ)かましい	뻔뻔하다, 염치없다	扱(あつか)い	취급
おたずね	질문, 문의	入荷(にゅうか)	입하
可能(かのう)	가능	急(いそ)ぎ	서두름
もしくは	혹은, 아니면	改(あらた)めて	다시, 또
支払(しはらい)	지불	解答(かいとう)	대답
総額(そうがく)	총액		

1 私としましては

명사＋としましては는 입장, 경우를 의미하는~としては의 존경표현이다.

① 今後の予定と**してましては**以下のようになります。
향후 일정은 아래와 같습니다.

② 貸す側である金融機関と**しましては**.
빌려주는 쪽인 금융기간으로서는.

2 相談すべき

~べきは '당연히~해야 한다'는 의무를 나타내며 동사 기본형에 접속한다.
する동사는 고전문법의 영향이 남아 すべき형태로도 많이 사용된다.

① この件についての責任は幹部が**とるべきだ。**
이건에 대한 책임은 간부가 져야 한다.

② 幹部会議では現会長を**再任すべきだ**と結論づけた。
간부회의에서는 현재 회장을 재임해야한다고 결론 지었다.

 **3**　　キャンセルせざるを得なくなってしまいました

~ざるを得ない는 '어쩔 수 없이~하다'의 뜻으로 부득이한 상황, 선택지가 없는 상황을 설명할 때 사용하는 표현이다. 동사의 부정형에 접속한다.

① 株主総会の決議には従わ**ざるを得ません。**
　 주주총회 결의에 어쩔 수 없이 따라야 합니다.

② 経費を切り詰め**ざるを得ない。**
　 경비를 어쩔 수 없이 삭감해야 한다.

 **4**　　もしくは

접속사로 '또는, 혹은'을 의미하며 あるいは, また와 비슷한 표현이지만, また는 선택이 뒤로 갈수록 범위가 커지는 것에, もしくは는 뒤의 선택범위가 적어지는 것에 사용된다.

① 銀行振込、**若しくは**クレジットカードでお支払いください
　 은행 이체 혹은 신용카드로 지불해 주십시오.

② お礼状を出すタイミングは、終了日**もしくは**翌日に書くことがベストです。
　 감사장을 보내는 타이밍은 종료한 날 혹은 다음날 쓰는 것이 최선이다.

 **3万ドルとなっております。**

~ておる는 '~하고 있다'의 의미로 ~ている 보다 정중한 표현이다. 비즈니스에서는 단정의 です보다는 となっていおる표현을 더 많이 사용한다.

① 宿泊施設様にとってはまさしく "手間いらず" のサービス**となっております。**
숙박시설 사업자에게는 실로 손이 안가는 서비스입니다.

② 物流事業者にとってスペースの確保が課題の一つ**となっております。**
물류사업자에게는 공간 확보가 과제의 하나입니다.

6   **規定によりまして**

~による는 '~에 따르다', '~에 의하다'의 의미로 이유나 원인을 설명할 때, 정보의 근거나 출처를 제시할 때 사용한다.

① 大規模災害**により**、運行エリアを制約される困難に直面している。
대규모 재해로 인해 운행 지역을 제약되는 난관에 직면했다.

② 技術的な問題**により**最大数十分の遅れが出るトラブルが起きた。
기술적인 문제로 최대 수십 분의 지연이 일어나는 트러블이 생겼다.

⑦　当社におきましては

におきましては는 においては의 존경표현으로 '~으로서는'의 의미로 입장,
자격을 나타낸다.

① 東京エリアの他支店**におきましては**引き続きのご愛顧をよろしく
　お願いいたします。
　도쿄 지역의 타 점포는 계속해서 애용해 주시기 바랍니다.

② ご依頼の件につきまして当社役員会**において**慎重に検討しました
　結果…
　의뢰하신 건에 대해 본 회사 임원회의에서 신중히 검토한 결과…

⑧　いただきたく存じます

~たく存じます는~たいと思います의 겸양어로 존경표현이다. 상대에게 희망
이나 요구를 전할 때 비즈니스 메일이나 문서에서 주로 사용되며 '~하기를
원합니다. 하고 싶습니다. 해주시기 바랍니다'의 의미이다. 상사나 고객에게
사용되면 동료나 아랫사람에게는 사용하지 않는다. 비슷한 표현으로~のほど
宜しくお願いします、していただければ幸いです、願いたく存じます가 있다.

① 調査を進めさせて**いただきたく存じますが**、よろしいでしょうか。
　조사를 진행하고 싶습니다만 괜찮으신지요.

② 下記条件にて見積書をお送り**いただきたく存じます**。
　아래 조건으로 견적서를 보내주시기 바랍니다.

Ⅰ ~としましては

① 企業の組織体制**としましては**トップダウンの傾向が強いと思います。

② メリットと**しましては**、メールサーバに常時接続をしなくてもいいことです。

③ 手数料**としましては**、為替により異なります。

④ 原則**としましては**一括払いとさせていただきます。

⑤ 注意点**としましては**締め切りを守ることです。

⑥ 첫 번째 문제**로는** 수입절차입니다.

⑦ 전체 계획**으로는** 다음달 중순까지는 마무리 하는 것입니다.

⑧ 결론**은** 특별법에 해당하지 않는다고 판단합니다.

⑨ 10주년 기념**으로는** 특별공개강좌를 준비합니다.

⑩ 신청방법**으로는** 우편과 전화로 신청 가능합니다.

Ⅱ ~べき

① 関係者は見直**すべき**点がないかどうか検討したいと述べた。

② 教育制度には改善**すべき**部分が多々ありそうです。

③ エントリーシートによる選考をやめたことを多くの企業は見習う**べき**でしょう。

④ 教育分野への投資を強化**すべき**である。

⑤ 使用者が負担**すべき**費用額、支払い時期を定めなければならない。

⑥ 장래에 취해야 **할** 시책을 원자력 규제위원회에 제출했다.

⑦ 모집 및 채용에 있어 남녀에게 균등한 기회를 부여해야 **한다.**

⑧ 회의 안건은 업무환경 개선을 최우선으로 해야**한다.**

III ~ざるを得ない

① ビジネスの場では英語を**使わざる得ない**場面が多々あります。

② 経営者はよく　「生き残りのために**グローバル化せざるを得ない**」
と言う。

③ はずせない出張がありまして、出席は**断念せざるを得ない**状況です。

④ 会議の結果、事業**変更をせざるを得なく**なりました。

⑤　在庫を**持たざるを得ない**製品のリストをお送りしますのでよろし
くお願いします。

⑥ 이번은 유감스럽게도 조건이 맞지 않아 **부득이 거절하게 되었습니다.**

⑦ 중소기업도 대기업도 새로운 비즈니스 환경에 **부득이 직면해야한다.**

⑧ 지금은 많은 기업이 소프트웨어 개발을 **어쩔 수 없이 직면하게
되었습니다.**

⑨ 이 기획은 현재 영업 환경에서는 **중단 할 수 밖에 없습니다.**

⑩ 많은 기업이 미국과 아시아의 투자 펀드에 **의지할 수 밖에 없는**
상황이었습니다.

Ⅳ もしくは

① 犬**もしくは**猫を飼っているペットオーナーなら誰でも参加可能です。

② 商品は直接手渡し**もしくは**、宅配でお届けします。

③ このシステムは個人**もしくは**ビジネスにおけるプライバシーを保護します。

④ 銀行**もしくは**コンビニエンスストアよりお支払いください。

⑤ 商品は状況によりお届け時間が前後、**もしくは**変更をお願いする場合があります。

⑥ 본 서비스에 대한 자세한 것은 웹사이트 **혹은** 아래로 연락 주십시오.

⑦ 저희 회사는 화요일, 수요일 **혹은** 수요일, 목요일이 휴일입니다.

⑧ 로그인 **혹은** 메일 주소를 입력후 의견을 쓰시면 추첨 화면으로 이동합니다.

⑨ 온라인 **혹은** 점포에서 판매를 개시합니다.

⑩ 제품명은 당사의 상표 **혹은** 등록상표입니다.

V ～となっております

① 多様な品揃えが人気の要因の１つ**となっております**。

② 国際会議の使用言語は英語のみ**となっております**。

③ 期間限定での受注**となっております**。この機会を逃さずぜひお買い求め下さい。

④ 館内は全館禁煙**となっております**ので、3Fの喫煙エリアにてお願い致します。

⑤ 現在はIOSアプリのみの提供**となっております**。

⑥ 관람 장소는 **프리스페이스이므로** 자유롭게 관람하실 수 있습니다.

⑦ 어린이도 안심하고 놀 수 있는 **상품입니다**.

⑧ 맞벌이 세대를 위한 **유치원입니다**.

⑨ 이 상품도 3세트까지 **구입 가능합니다**.

⑩ 어린이도 같이 **즐길 수 있는** 내용입니다.

VI ～による

① お問い合わせの内容**によりましては**、電話にて回答させていただくことがあります。

② 参考資料 2 **によりまして**，現地視察をいたしますとき時の注意事項を述べます。

③ 皆様のご愛顧**によりまして**、今年 4 月で創業 5 0 周年を迎えることになりました。

④ 天候状況**によりましては**運航できない場合がございます。

⑤ 商品サイズ**によりましては**メール便にて出荷する場合がございます。

⑥ 질문내용에 **따라서는** 회답을 못하는 경우가 있으니 양해해 주시기 바랍니다.

⑦ 구글 맵은 이용환경에 **따라서는** 표지 안 되는 경우가 있습니다.

⑧ 상품이나 재고 상황에 **따라서는** 평상시 보다 출하까지 시간이 걸릴 수 있습니다.

⑨ 좌석에 **따라서는** 무대의 일부 중 잘 보이지 않을 부분이 있습니다.

⑩ 공사 진행 상황에 **따라서는** 아래 안내 사진과 다른 부분도 있으므로 양해해 주시기 바랍니다.

Ⅶ ~におきましては

① PTA会員の皆様**におきましては**日頃よりPTA活勤へのご理解とご協力いただきありがとうございます。

② この場所**におきましては**劇場などを見ることができます

③ この付近**におきましては**元々は山城だったところです。

④ この度弊社**におきましては**、新製品Aを10月30日より発売することとなりました。

⑤ この地域**におきましては**、有害鳥獣の増加が大きな問題となっています。

⑥ 작년은 **국내를 말씀드리자면** 재해복구도 진척되지 않는 상황입니다.

⑦ **당사는** 아래와 같이 인사발령을 할 예정입니다.

⑧ **저희 센터는** 연말 연시 휴일을 아래와 같이 실시하오니 잘 부탁드립니다.

⑨ 이번 동일본 대지진으로 인해 피해를 입으신 **여러분께** 심심한 위로의 말씀을 드립니다.

⑩ IT업계**는** 우수한 기술자의 채용과 육성이 중요합니다.

Ⅷ　～たく存じます

①　ご多忙のところ大変恐縮ですが、一度打ち合わせの**お時間をいた
だきたく存じます**。

②　キム様のご都合のよろしい日時を**お知らせいただきたく存じます**。

③　ご多忙のところ弊社の都合で恐縮ですが、10月30日(水)までにご
提出いただきたく存じます。

④　詳細につきましては、同封の資料を**ご高覧いただきたく存じます**。

⑤　10月30日(水) 5時に**ご挨拶に伺いたく存じますが**、キム様のご都合
はいかがでございましょうか。

⑥　위로를 겸해 송년회에 **초대하고 싶습니다**.

⑦　시간이 있으실 때라도 **읽어주시기 바랍니다**.

⑧　파티를 개최하기 전에 여러분의 사정을 **알려주시기 바랍니다**.

⑨　예전부터 철수님께서 **기고해 주시길 바라고** 있었습니다.

⑩　가르침을 **주시기 바랍니다**.

12
비즈니스 E메일 2
- 항의

www.shutterstock.com · 653243287

항의에 관한 E메일 형식과 표현을 알아본다.

10月1日に注文いたしました 「液晶テレビ(KP-1250)」、本日着荷いたしました。
さっそく荷物を確認いたしましたところ、
商品の一部に破損がみられることが判明いたしました。
破損がみられるのは、商品のうちの3個、いずれも上部にひびが入っています。

この状態では残念ながら販売することは不可能で、
当社ではこのまま購入するわけにはまいりません。

商品がそろわなければお客様へご迷惑をおかけすることになってしまい、
大変困惑しております。

つきましては、早急に代替品の送付をお願いいたします。
なお当該商品はこちらにお預かりしておりますので、善処法をお知らせください。
メールにて恐縮ですが、とり急ぎご連絡まで

注文	주문	不可能	불가능
液晶	액상	当社	당사
本日	오늘	このまま	이대로
着荷	착하, 도착된 화물	購入	구입
さっそく	즉시 당장	わけにはまいりません	~할 수는 없습니다
荷物	물건	そろう	갖춰지다
確認	확인	困惑	곤혹 난처한 상황
商品	상품	つきましては	따라서
一部	일부	代替品	대체품
破損	파손	送付	송부
判明	판명	なお	또한 더욱이
いずれも	모두	当該	해당
上部	상부, 윗부분	預かり	보관
ひび	금	善処法	적절한 조치 방법 にて ~로, 으로
状態	상태	恐縮	죄송
残念ながら	유감스럽게도	とり急ぎ	급한대로
販売	판매		

1   さっそく(早速)

'즉시, 바로'의 의미이며 신속한 일처리와 빠른 대응이 요구되는 비즈니스 일본어에서 자주 사용되는 표현이다. 문두에 사용하면 인사말 뒤에 본론으로 넘어가는 것을 알리는 표현이 된다. 자신의 행동에 성의를 나타내자 하는 경우에는 速やかに、直ちにに로 바꾸어 표현하는 것이 좋다

① お品物は**早速**手配にかからせていただきます。
　 물품은 신속히 준비하겠습니다.

② **早速**のご対応感謝申し上げます。
　 신속한 대응 감사드립니다.

③ ご迷惑をおかけしました。**速やかに**対応させていただきます。
　 폐를 끼쳤습니다. 신속히 대응하겠습니다.

④ **直ちに**お伺いし、代わりの品をお持ちさせていただきます。
　 즉시 찾아 뵙고 다른 물건을 가지고 가겠습니다.

2 　いずれも

어느 것이나, 아무나, 모두를 뜻한다. どれも보다 비즈니스 문서에서 자주 사용된다.

① **いずれも**送料は自己負担である。
모두 배송비는 자기부담이다.

② **いずれも**外装の上部に黒いシミが付着しております。
어느 것이나 외장 상부에 검은 얼룩이 부착되어 있습니다.

3 　残念ながら

'유감스럽게도'를 뜻한다. 비즈니스에서 상대가 원하는 결과를 전해주지 못할 때 시작하는 표현으로 자주 사용된다. 비슷한 표현으로 残念ですが도 사용된다.

① 今回は**残念ながら**条件が合いませんので、お断りせざるを得ない状況です。
이번은 유감스럽게도 조건이 맞지 않아 거절할 수 밖에 없는 상황입니다.

② 誠に**残念ながら**貴意に添いかねる結果となりました。
진심으로 유감스럽게도 귀하의 기대에 맞지 않는 결과가 되었습니다.

 **購入するわけにはまいりません**

~わけにはまいりません은 ~わけにはいかない의 겸양어로 자신의 행동을 낮춘 존경표현이다. 쉽게 간단히 그리 할 수는 없다는 의미로 사용된다.

① この状況を逃げ出す**わけにはまいりません**。
이 상황을 도망칠 수는 없습니다.

② お引き受ける**わけにはまいりません**。
받아들일 수는 없습니다.

 **ことになってしまい**

~てしまう는 '해 버리다'는 의미로 의도하지 않는 결과를 설명할 때 사용한다. 비즈니스에서는 결과를 설명할 때 ことになってしまう과 같이 완곡하게 표현하는 경향이 강하다.

① 別の商品をお届け**してしまい**申し訳ありませんでした。
다른 상품을 배송해 드려 죄송합니다.

② 担当者んが急病に**なってしまいましたので**、別のものがデザインを担当しました。
담당자가 갑자기 병이 나서 다른 사람이 디자인을 담당하게 되었습니다.

6 メールにて

にて는 수단이나 재료를 나타내는 '~로', 장소를 나타내는 '~에', 이유를 나타내는 '~므로'의 뜻을 사용된다. 일반회화에서는 で、~によって가 사용되지만 비즈니스 문서나 격식적인 문장에서는 にて가 자주 사용된다.

① 病気**にて**欠席いたします。
　병으로 결석하게 되었습니다.

② 本日は午後5時**にて**閉館します。
　오늘은 오후 5시에 폐관합니다.

I さっそく(早速)

① **早速**ご入金させていただきます。

② **早速**ですが、前回のご質問について回答させていただきます。

③ **早速**のご返信ありがとうございます

④ **早速**のご提案ありがとうございます。上司に相談の上、明日お返事させていただきます。

⑤ **早速**ですが、ご提示いただきました取引条件に基づき下記のとおり注文いたします。

⑥ **빠른** 대답을 주셔서 매우 도움에 되었습니다.

⑦ 주문품은 **신속히** 보내드리겠습니다.

⑧ **신속히** 전화해 보겠습니다.

⑨ **신속히** 찾아뵙겠습니다.

⑩ 재고가 준비되면 **신속히** 연락드리겠습니다.

‖ いずれも

① **いずれも**生産現場を主に渡り歩いてきました。

② **いずれも**斬新なアイデアあふれるものばかりと存じます。

③ **いずれも**素晴らしい第一級の資料ばかりです。ありがとうござい
ました。

④ 7日(火)または9日(木) **いずれも**ご指定のお時間で結構です。

⑤ インターネットは有線・無線**いずれも**ご利用可能です。

⑥ **모두** 전화로만 신청 받습니다.

⑦ 안건명은 **모두** 약칭입니다.

⑧ 샘플은 **모두** 주문 양식에서 고를 수 있습니다.

⑨ **모두** 특별 가격으로 동시에 신청하실 수 있습니다.

⑩ **어느 것이든** 선착순입니다.

Ⅲ 残念ながら

① まことに**残念ながら**今回は採用を見合わせさせていただくことになりました。

② この状態では**残念ながら**販売することは不可能です。

③ 弊社は、**残念ながら**今年の宣伝予算を削減しております。

④ **残念ですが**、今回はお受けすることはできません。

⑤ **残念ながら**効果は期待できません。

⑥ 거래는 <u>유감스럽게도</u> 중지하겠습니다.

⑦ <u>유감스럽게도</u> 이 금액으로는 무리입니다.

⑧ 야구는 <u>유감스럽게도</u> 지고 말았습니다.

⑨ 이 방향에서는 <u>유감스럽게도</u> 후지산은 볼 수 없었습니다.

⑩ <u>유감스럽게도</u> 오늘은 모든 좌석이 만석입니다

Ⅳ わけにはまいりません・わけにはいきません

① 一人一人にそれほどの時間をかける**わけにはまいりませんが…**

② ただいま数字で御説明する**わけにはまいりませんが…**

③ 私どもが直接交渉に当たるという**わけにはまいりません**

④ この問題はなかなか一律にという**わけにはまいりません**

⑤ ここで直ちにお約束するという**わけにはまいりません**

⑥ 일률적으로 비교할 **수는 없습니다**

⑦ 그렇게 오래는 지연 시킬 **수 없습니다.**

⑧ 즉시 찬성할 **수는 없습니다.**

⑨ 이 점은 동의할 **수는 없습니다.**

⑩ 무단 결근을 묵과할 **수는 없습니다.**

V ~てしまう

① 急遽外せない会議が入っ**てしまい**、伺うことができなくなりました。

② 連絡が遅くなっ**てしまし**、申し訳ございません。

③ メールへの返事が遅れ**てしまい**、大変失いたしました。

④ メールを誤って〇〇様へ送信し**てしまい**ました。お手数ですが...

⑤ 先ほど、件名をつけずにメールをお送りし**てしまい**ました。

⑥ 직전에 불참 연락을 드리게 **되어** 죄송합니다.

⑦ 오늘은 갑작스럽게 **결근하여** 죄송합니다.

⑧ 오히려 번거롭게 **해드려** 진심으로 사죄의 말씀을 드립니다.

⑨ 다른 파일은 첨부**해 버렸습니다.** 대단히 죄송합니다.

⑩ 전화로 알렸지만 결국 1인분은 별도의 메뉴가 **되었습니다.**

VI ~にて

① 私こと、人事異動**にて**本社営業本部より釜山営業支店勤務となりました。

② このメールはBCC**にて**、皆様に一斉にお送りしています。

③ お見積書を郵送**にて**お送りいただけるとのことでしたが、

④ なお、別便**にて**心ばかりのお祝いの品をお送りいたしました。

⑤ 手続き上、ご注文を書面**にて**お願いしたく、注文書をお送りします。

⑥ 10일자 메일**로** 문의를 받았습니다만.

⑦ 도착하시면 1층 접수**에서** 박영호를 호출 하십시오.

⑧ 부재 중이셔서 메일**로** 연락드립니다.

⑨ 10월 10일자**로** 청구서를 보내드렸습니다.

⑩ 조금 전에는 전화**로** 실례했습니다.

13
면접 1 - 자기소개

박영수는 일본회사에 취직하기 위해 면접을 본다. 면접에 필요한 일본어 표현과 면접 시 주의 사항에 대해 알아본다.

面接官 1: 自己紹介をお願いします。

朴英洙: 釜慶大学、経営学科から参りました朴英洙と申します。

大学では専攻をいかしたアジア経済研究会に所属し、同じ分野を研究している他大学の学生との意見交換会の運営リーダーを担っています。

学業以外では、週 2 回中国やベトナムなどの留学生に韓国語を教えるチュータ活動をしています。

研究会とチュータ活動を通じて多くの人に働きかける積極性と行動力を身につけることができました。

本日はよろしくお願いします。

面接官 2: 自己PRしてください。

朴英洙:: 私の強みは、リーダシップを発揮できるところです。大学のときはテコンドーサークルのキャプテンをしていました。新生サークルということもあり、練習に参加する人が少なく、段證をとった人もいませんでした。私自身積極的に参加していたわけではなかったので、まずは自分から変えていく必要があると思い朝練を始めました。初めは一人で朝練をしていたのですが、次第に人数も増えていき、最終的にはみんなで朝練をするようになりました。そのおかげで、全員がそれぞれの段證を獲得するようになりました。

この経験から、リーダーだからといって指摘するだけではなく、背中で引っ張ていくことを学びました。御社に入社することができたら、まずは自分が挑戦し、さまざまなひとを巻き込んで引っ張っていきたいです。

面接官 면접관	自己紹介 자기소개	経営学科 경영학과
専攻 전공	生かす 살리다	アジア 아시아
経済 전공	研究会 연구회	所属 소속
意見 의견	交換会 교환회	運営 운영
リーダー 리더	担う 담당하다	学業 학업
以外 이외	ベトナム 베트남	留学生 유학생
韓国語	チュータ 튜터	活動 활동
通じる 통하다	働きかける 권장하다	積極性 적극성
行動力 행동력	身につける 익히다	強み 강점, 장점
リーダシップ 리더십	発揮 발휘	テコンドー 태권도
サークル 서클	キャプテン 캡틴, 주장	新生 신생
練習 연습	参加 참가	段證 단증
自身 자신	わけではない ~한 것은 아니다	自分 자신
変える 변하다	必要 필요	朝練 아침연습
初め 처음	次第に 점차	人数 사람수
増える 늘다	最終的 최종적	おかげ 덕분
全員 전원	獲得 획득	経験 경험
からといって ~라고 해서	指摘 직적	背中 등
引っ張る 이끌다	学ぶ 배우다	入社 입사
挑戦 도전	さまざまだ 다양하다	巻き込む 끌어들이다
フロンティアスピリッツ 도전정신		一致 일치

 **専攻をいかした**

いかす는 살리다, 발휘하다, 활용하다의 의미로 사용되며 능력이나 특성에 관한 표현에는 活かす, 생명에 관한 표현에는 生かす가 사용된다. 다만 活かす는 상용한자가 아니므로 공용문에는 生かす 혹은 いかす라고 쓴다.

① スポーツを**活かした**ブランディング推進事業
　스포츠를 활용한 블렌딩 추진 사업

② 女性の視点を**活かした**防災ミニブックを作成しました。
　여성의 시점을 활용한 방재 미니북을 작성했습니다.

③ お客様の声を**活かした**改善活動をご紹介しています。
　고개의 목소리를 살린 개선활동을 소개합니다.

 **担っています**

いかす는 살리다, 발휘하다, 활용하다의 의미로 사용되며 능력이나 특성에 관한 표현에는 活かす, 생명에 관한 표현에는 生かす가 사용된다. 다만 活かす는 상용한자가 아니므로 공용문에는 生かす 혹은 いかす라고 쓴다.

① お菓子専門店の店長として、店舗運営全般を**担っています。**
　과자 전문점이 점장으로서 점포운영 전반을 맡고 있습니다.

② プロダクトマネジメントの役割を**担っています。**
　프로덕트 매니저 역할을 담당하고 있습니다.

③ 今後、当社の中でどのような役割を**担って**いきたいか教えてください。
　앞으로 우리 회사에서 어떤 역할을 맡고 싶은지 가르쳐 주세요.

3 チュータ活動を通じて

～を通じては '～을 통해서'라는 의미로 매개체를 경유하는 경우에 사용되거
나 시간, 기간 전체를 의미하기도 한다.

① 研究**を通じて**新しい問題点がわかってきました。
연구를 통해서 새로운 문제점을 알게 되었습니다.

② アルバイト**を通じて**お金を稼ぐことの大変さがわかりました。
아르바이트를 통해 돈을 버는 것이 힘든 것을 알았습니다.

③ スポーツ**を通じて**世界中の人と仲良くなりたいです。
스포츠를 통해 전세계 사람들과 좋은 사이가 되고 싶습니다.

 **多くの人に働きかける**

〜に働きかける는 상대방이 응하도록 적극적으로 영향을 끼치는 것으로 설득, 촉구, 권유하다, 손을 쓰다, 촉구하다 등으로 해석된다.

① 音楽は聴覚を刺激し、脳**に働きかけます。**
　音악은 청각을 자극하여 뇌에 영향을 끼칩니다.

② 人間心理**に働きかける**価格設定とネーミング
　인간 심리를 움직이는 가격설정과 상품명

③ 地域や政府に**働きかける**行動をとっていくことが重要です。
　지역과 정부에 촉구하는 행동을 하는 것이 중요합니다.

5　身につける

'몸에 걸치다'라는 뜻에서 배워 익혀 자기 것으로 하다라는 의미이다.
비슷한 표현으로 習得する(습득하다), ものにする(제것으로 하다), 体得する
(체득하다) 등이 있다.

① 教養を**身につける**
   교양을 갖추다

② スケジュール管理や休調管理のスキルを**身につける**必要があります。
   스케줄 관리나 건강관리 기술을 익힐 필요가 있습니다.

③ 就職する前にエクセルは**身につけて**ほしいです。
   취직하기 전에 엑셀은 익히길 바랍니다.

 **発揮できるところです**

ところ는 물리적인 공간이나 장소를 지칭하는 '곳','부분'을 의미하며 상황이나 성질의 일부분, 일면을 뜻하기도 한다.

① 陽気で優しい**ところ**は社会人として長所である。
  밝고 친절한 성격은 사회인으로 장점이다.

② 意志ある**ところに**道は開ける
  의지가 있는 곳에 길은 열린다.

③ IT技術は日本の学生に劣る**ところ**はないと思っている。
  IT기술은 일본 학생에 뒤떨어지는 부분은 없다고 생각한다.

 **7**

~わけではない

わけ는 이유, 근거를 뜻하는 명사로 동사와 접속하여 '전부, 반드시~한 것은 아니다'라는 뜻으로 사용된다.

① 運動していれば健康になる**わけではない。**
운동을 하고 있다고 해서 건강해지는 것은 아니다.

② 景気はよくなったが、すべてが解決した**わけではない。**
경기는 좋아졌지만 모든 것이 해결된 것은 아니다.

③ 英語を話しませんが、英語ができない**わけではありません。**
영어를 잘 쓰지는 않지만 영어를 못하는 것은 아닙니다.

8

次第に

점차, 차츰차츰이란 뜻으로 정도나 상태가 조금씩 변화되는 양상을 표현한다.
비슷한 표현으로 だんだん이 있지만 次第に가 보다 비즈니스적인 표현이다.

① 湿った空気の影響で**次第に**雨が降る見込みです。
습한 공기의 영향으로 점차 비가 내일 전망입니다.

② 会議では計画を見直す動きが**次第に**強まった。
회의에서는 계획을 수정하는 움직임이 점차 강해졌다.

③ **次第に**問題が持ち上がった。
점차 문제가 대두 되었다.

 **9** リーダーだからといって

~からといって는~라고 해서, ~라 하더라도의 의미로 원인, 이유를 나타낸다. 일반적으로 부정적인 내용을 수반하여 '그러한 이유만으로~가 성립되는 것은 아니다'를 표현한다.

① 日本人**だからといって**敬語が使えるわけではない。
   일본인이라고 해서 경어를 쓸 수 있는 것은 아니다.

② 新しいパソコン**だからといって**便利とは限らない。
   새로운 컴퓨터라고 해서 편리하다고는 할 수 없다.

③ 悩みがある**からといって**すぐ人に相談するわけではない。
   고민이 있다고 해서 금방 다른 사람에게 상담할 수는 없다.

背中で引っ張ていく

'뒷모습으로 이끌다'라는 뜻으로 앞장서서 모범을 보인다라는 의미이다.

① **背中**を見せてチームを**引っ張る**女性リーダー
모범을 보이며 팀을 이끄는 여성 리더.

② 私がイメージするのは、自らの**背中で**部下を鼓舞し、**引っ張って
いく**リーダーです。
제가 그리는 것은 스스로 모범을 보이고 부하를 고무하며 이끌
어 가는 리더입니다.

③ **背中で引っ張ろう**とする姿は当時も今も変わらない。
모범을 보이려고 하는 모습은 옛날이나 지금도 변하지 않았다.

Ⅰ ~を生かす(~을 살리다, 활용하다)

① 留学した経験を、将来どのように**活かし**たいですか。

② 将来は豊かな知識・経験**を活かして**地域貢献できる人になりたいです。

③ 今までの経験**を活かして**ユーザーのニーズに的確に答えられるような仕事に就きたいと思います。

④ 経理事務の経験**を活かして**、もう一度働きたいと考え、志望いたしました。

⑤ こちらのお店でも経験を**活かし**ながらより接客スキルをアップしたいと考えています。

⑥ 이 호기심을 **살려서** 상품기획에도 참가 할 수 있는 일에 종사하고 싶습니다.

⑦ 데이터를 **활용해서** 효과를 극대화할 방법을 생각하기 바랍니다.

⑧ 협조성을 **살려서** 일을 해나가고 싶습니다.

⑨ IT 기술을 **살려서** 업무개혁을 견인해가고 싶습니다.

⑩ 귀사의 업무에도 반드시 이 경험을 **살릴** 수 있을 것입니다.

II ~を通じて(~을 통해)

① このコースは四季**を通じて**慶州の重要な観光ルートであります。

② 購入数は全体**を通じて**、おひとり様1回とさせていただきます。

③ 面接**を通じて**自身の未熟さを感じてしまいました。

④ 積極的な対応**を通じて**海外市場の開発に努めて行く必要があります。

⑤ ボランティア活動**を通じて**社会の中で自分に何ができるかを学びます。

⑥ 전문점을 **통해서** 판매개시 합니다.

⑦ 교육을 **통해** 기술 혁신을 담당할 인재 육성이 필요합니다.

⑧ 웹사이트를 **통해** 의견조사를 정기적으로 실시하고 있습니다.

⑨ 논의를 **통해** 협력을 깊게 하고 싶습니다.

⑩ 회장은 대리인을 **통해** 사임할 의향을 전해 왔습니다.

Ⅲ 働きかける

① オープンソースの利用を**働きかける**コンソーシアムが結成された。

② 主催者から強く参加を**働きかけ**ていただきますようにご協力お願いいたします。

③ 協会が中心となり多方面へ**働きかけて**いただいた成果であります。

④ 課長が間に立つて、意見交換の場を設けるよう**働きかけて**いただきたい。

⑤ データを軽量化する技術を開発し、世界標準化**を働きかけて**います。

⑥ 매스컴에 영향력을 **행사할** 기회를 얻었습니다.

⑦ 이쪽은 끝임없이 적극적으로 **촉구하고** 있는 중입니다.

⑧ 이 연구는 널리 다른 회사에도 **권장하고** 있는 것이 특징입니다.

⑨ 신기술을 개발하고 가전제품 메이커에게 채용을 **촉구하고** 있습니다.

⑩ 효율이 높은 점에서 거래처에 도입을 **촉구하고** 있습니다.

Ⅳ 身につける

① 子供に**身につけて**ほしいことは「こんにちは」と「ありがとう」である。

② 企画力を**身につける**ための資料を添付しておりますので、ご参照ください。

③ 研修では各種の機械の使用法や技術を**身につける**実習などを行います。

④ 当社は部署間のつながりが非常に強いため幅広い知識が**身につけ**られます。

⑤ 実践で最も**身につけたい**のは危機感である。

⑥ 시간을 지키는 습관을 **익히길** 바란다.

⑦ 관리직이 되기 전에 **습득해야** 할 마음가짐은 책임감이다.

⑧ 대학에서 폭넓은 지식을 **익히는** 것을 권합니다.

⑨ 일본의 비즈니스 매너를 **익히기에는** 시간이 걸린다.

⑩ 먹거리 교육으로 **익히고** 싶은 5개의 힘을 소개합니다.

V ~わけではない

① ロバが旅に出たところで馬になって帰ってくる**わけではない。**

② ネットショッピングは実物を見て買う**わけではない**ので不安です。

③ 一概にメッキ処理が悪い**わけではありませんが。**

④ まだこれで準備がすべて完了した**わけではありません。**

⑤ この会社が倒産した**わけではない**のになぜこんなに安いでしょうか。

⑥ 기획 자체가 나쁜 **것은 아니다.**

⑦ 다른 재원(財源)이 있는 **것은 아니다.**

⑧ 누구에게 부탁받은 **것은 아니지만** 꼭 부탁합니다.

⑨ 결코 인재가 없는 **것은 아니다.**

⑩ 금액이 높은 품질을 보장하는 **것은 아니다.**

Ⅵ 次第に(점차)

① <u>次第に</u>増えてきているネットバンクの利用動向についてご報告致します。

② 自己分析で<u>次第に</u>自分が目指すものは何かを考えるようになった。

③ <u>次第に</u>社員の外回りは減少し顧客から来店する形態になった。

④ 和船は<u>次第に</u>姿を消したが触れ合い会は毎年開催している。

⑤ 消費者からもサービス再開を求める声が<u>次第に</u>大きくなっています。

⑥ 상점가 전체가 **점차** 활기를 띠었다.

⑦ 재해로부터 **점차** 일상적인 생활이 되돌아 왔다.

⑧ 지역주민의 노력으로 **점차** 단골이 늘었다.

⑨ 가을도 **점차** 깊어져 싸늘한 날이 많아지고 있습니다.

⑩ **점차** 팀에 녹아들어 승리에 공헌했다.

연습 문제

Ⅶ ～からといって

① 子ザルがかわいい**からといって**、絶対に餌をあげないでください。

② スピードを要求される**からといって**手を抜くわけにはいきません。

③ 韓国で流行している**からといって**中国でも売れるとは限りません。

④ 提携した**からとって**それだけでビジネスがうまく進むことはない。

⑤ 業績が伸びている**からといって**、無計画に人材を増やしたくありません。

⑥ 경기가 **좋다고 해서** 저절로 물건이 팔리는 것은 아니다.

⑦ 햇빛에 타기 **어렵다고 해서** 방심은 금물입니다.

⑧ 납기 **촉박하다고 해서** 테스트를 생략해서는 안 된다.

⑨ 프로젝트 매니저는 반대의견이 **없다고 해서** 안심해서는 안 된다.

⑩ 연구개발 세계는 규모가 **작다고 해서** 불리하다고는 할 수 없다.

14

면접 2 - 지원 이유

面接官1: 当社を志願した理由は何ですか。

朴英洙: 私が御社を志望した理由は、多くの人に低価格でも高いスキルを身につけられるスクールを日本のみならず、世界に展開していて、教育を通して人と人との繋がりを作り、より良い社会を作ろうとしている企業方針に関心があるためです。

　　私は人に教えることが好きで、大学時代には韓国でパソコンスキルを教えるボランティア活動に参加していました。参加者の方に、なぜボランティア主催のパソコンスキル教室に参加したのかを伺うと、本当は確かなスキルを身につけたいけれど通える場所に学校がなかったり、経済的理由で通えなかったりするなどの声を多く頂きました。負担が軽く利便性の良い教育の必要性を直に感じることができました。ボランティア活動だけでは、基礎がある程度身に付く程度で、即仕事に生かせるわけではありません。

　　私は、日本で安価な費用で就職やスキルアップに役立つスキルを身につけることができて、海外でも展開している御社であれば、これらの問題を解決していけると確信しています。

　　私が入社したら営業職として多くの方にスクールの魅力を知って頂くことに尽し、将来的には日本だけでなく、世界中の困っている人に教育を提供することで自己実現できるためのサポートをしていき、御社の売上と発展に貢献していきたいと考えております。

志願 지원	低価格 저가	スキル 스킬, 기술
展開 전개	教育 교육	～を通して ～를 통해서
繋がり 연결	より 보다	良い 좋다
企業方針 기업방침	ボランティア活動 자원봉사활동	
主催 주최	参加 참가	伺う 묻다, 듣다의 겸야어
通える 다니다	経済的 경제적	負担 부담
利便性 편의성	直ちに 즉시	基礎 기초
ある程度 어느 정도	身に付く 익숙해지다	即仕事 즉시 업무
生かせる 살리다	安価 싼, 저가	役立つ 도움되다
展開 전개	解決 해결	確信 확신
営業職 영업직	～として ～로서	魅力 매력
尽す 최선을 다하다	将来的 장래에	困る 곤란하다
提供 제공	自己実現 자기실현	サポート 서포트
売上 매상	発展 발전	貢献 공헌

1 のみならず

のみ(뿐, 만)＋ならず(단정의 조동사なる의 부저형)으로 '뿐만 아니라'의 뜻이다. ～だけではなく、～ばかりではなく보다 문어적 표현이다.

① 体力に劣る**のみならず**、学力にもやや弱いところがある。
체력이 떨어질 뿐 아니라, 학력도 조금 약한 점이 있다.

② 彼は学者として大きな業績をあげている。**のみならず、**評論家としても活躍している。
그는 학자로서 큰 업적을 올렸다. 뿐만 아니라 평론가로서도 활약하고 있다.

2 参加者の方

方는 단독으로 사용되어 '분'으로 해석 되지만 사람을 나타내는 명사 뒤에 접속하여 존경 표현으로 사용된다. 경우에 따라서는 해석이 안 되는 경우도 있다.

① あの方は親切な**方**です。
저분은 친절한 분입니다.

3 　　直ちに

시간적으로 틈을 두지 않는 '즉시'를 의미한다. 또한 상황이나 현상이 그대로 이어지는 것을 의미하기도 한다.

① 過ちを**直ちに**改めて置きます。
　잘못을 즉시 개선해 두겠습니다.

② 失敗が**直ちに**死を意味するのではない。
　실패가 바로 죽음을 의미하는 것은 아니다.

4 　　身に付く

지식이나 기술을 습득하여 제 것이 되는 의미로 몸에 배이다, 익숙하다는 뜻으로 해석된다.

① 未経験からシゴトを始めた人にどんなスキルが**身についた**かアンケートをしました。
　미경험에서 일을 시작한 사람에게 어떤 기술을 배웠는지 앙케이트 조사를 했습니다.

② 秘書の仕事をすると**身につく**ことは たくさんあります。
　비서 일을 하면 배우는 것이 많이 있습니다.

5 役立つ, 役に立つ

'도움이 되다, 쓸모가 있다'는 의미로 비즈니스에서 사용할 때에는 상사나 윗사람의 행위를 표현할 때는 쓰지 않는 것이 좋다. 상사나 거래처에게 감사의 뜻을 전할 때는 おかげさまで(덕분에), いつもお心かかていただき(늘 마음 써주셔서)등을 사용하고, 조언을 받았을 때는 勉強になりました(공부가 되었습니다), 参考になりました(참고가 되었습니다), お気遣いありがとうございます(신경 써 주셔서 감사합니다), 助かります(도움이 되었습니다), 感謝いたします(감사 드립니다)를 사용하는 것이 좋다.

① 今回のこの結果は今後に**役立**つと思われます。
　이번의 이 결과는 앞으로 도움이 되리라 생각합니다.

② 楽しみながら読んでも**役に立つ**本です。
　즐기면서 읽어도 도움 되는 책입니다.

6 営業職として

としては 자격, 입장, 명목을 의미하는 표현으로 '~로서'에 해당된다.

① 親**として**当然のことをしただけです。
　부모로서 당연한 일을 한 것뿐입니다.

② 会社の代表**として**出席する。
　회의에는 회사대표로 출석한다.

 **8**　知って頂くことに尽し

尽くす는 '힘을 다하다, 애쓰다, 끝까지 다하다'의 의미이다. 비슷한 표현으로 努める, 努力する, 励む 등이 있다.

① 全力を**尽くす**覚悟にございます。
　전력을 다할 각오입니다.

② 今後、このようなことが二度と起こらないよう再発防止に**尽くして**まいります。
　앞으로 이와 같은 일이 두 번 일어나지 않도록 재발방지에 힘쓰겠습니다.

Ⅰ のみならず

① 地元企業**のみならず**、新たに日本進出を検討している企業を対象
にしています。

② パソコン**のみならず**スマートフォンからWebコンテンツを楽しむ
傾向が顕著です。

③ IT関連**のみならず**多岐に渡る分野のマニュアルの翻訳が可能です。

④ 当社は大手企業**のみならず**中小企業と業務を展開しています。

⑤ 当社は国内**のみならず**世界においても草分けな存在です。

⑥ **상품뿐 아니라** 커뮤니케이션 디자인으로서도 평가받고 있습니다.

⑦ 전세계의 **개인뿐만 아니라** 정부기관에서도 활용하고 있습니다.

⑧ **한국뿐만 아니라** 전세계에서 방문하고 있습니다.

⑨ 신제품은 **신문뿐만 아니라** TV프로그램에서도 보도되었다.

⑩ **전문지식뿐만 아니라** 폭넓은 교양이 필요합니다.

II 直ちに

① 田中の準備した資料の確認が済み次第、**直ちに**出発します。

② 解決策は**直ちに**見つからないが、混乱を拡大させないことを最優先にするべきです。

③ 警備スタッフの指示に従わない場合は**直ちに**退場して頂きます。

④ 今回の措置が**直ちに**株価の回復につながるかは見通せない。

⑤ 身に覚えのないメールが届いた場合、添付ファイルは開かず**直ちに**削除してください。

⑥ 입금이 확인되는 날부터 **즉시** 상품을 발송하겠습니다.

⑦ 지적하신 건은 **바로** 대응하겠습니다.

⑧ **즉시** 개봉하여 내용물을 확인하십시오

⑨ **즉시** 손해배상 청구는 할 수 없다.

⑩ 그 방법이 **바로** 성공으로 이어진다고는 할 수 없다.

Ⅲ ~として

① プロジェクトマネージャー**として**実践すべき振る舞いを教えてい
　ただきたいです。

② 世界初の電子市場**として**世界中の証券市場のモデルになっている。

③ ビジネスマナーは社会人**として**身につけておきたい一般常識がほ
　とんどです。

④ 日本では季節の挨拶**として**暑中見舞い、寒中見舞いがある。

⑤ 4月から営業所の責任者**として**他県へ転勤になりました。

⑥ **개선책으로서** 어떤 것을 생각할 수 있습니까?

⑦ 신제품의 **특징으로** 다음과 같은 것을 들 수 있습니다.

⑧ 그는 영업 **사원으로서** 성공할 가능성이 높다.

⑨ 한자 읽기를 틀리면 **사회인으로서** 교양이 문제됩니다.

⑩ 다음은 일반 **상식으로** 알아 두어야 할 내용입니다.

Ⅳ 役に立つ

① 人の**役に立つ**仕事をしたいと思って志願しました。

② Javaプロジェクトと　UMLプロジェクトの関係を知っておくと**役に立ちます。**

③ カウンセリングを受けてみるのもこころの整理に**役立ちます。**

④ パソコンに同じデータがあると、トラブルの時にも**役立ちます。**

⑤ 自分を責めるという考え方は解決には全く**役立ちません。**

⑥ 지적하신 많은 부분은 성적향상에 **도움** 되었습니다.

⑦ 매뉴얼은 재발방지에 **도움 됩니다.**

⑧ 이 경우는 구글 이미지 검색이 **도움 됩니다.**

⑨ 반드시 귀사의 경비 삭감에 **도움 됩니다.**

⑩ 이 자료는 **도움이 되었습니까?**

V 尽くす

① 最善を**尽くして、**社員が喜び、誇りに思う会社にする。

② あくまで他の手段を**尽くし**た上での最終手段でなくてはなりません。

③ 会議での議論を**尽くして**慎重に判断したいと思います。

④ テロ対策訓練をするなどテロ対策に全力を**尽くして**いる。

⑤ 混乱が広がらないよう対応に万全を**尽くして**まいります。

⑥ 신제품 개발에 **최선을 다하고** 싶습니다.

⑦ 위기관리에 **만전을 기하고** 있습니다.

⑧ 환경정비에 **힘을 다하고** 있습니다.

⑨ 제품 개선에 **전력을 다해** 왔습니다.

⑩ 방재에 **만전을 다해** 국민의 생명을 지킨다.

면접 3 - 직업관

www.shutterstock.com · 561380782

面接官1 ： 当社でチャレンジしたい仕事はどんな仕事ですか?

朴英洙 ： 御社で高齢者向けの携帯電話のサービスの開発をしたいと思います。

80歳になる祖母がいるのですが、祖母でも使いこなせる端末を作りたいと思ったことがきっかけでした。

田舎ではコミュニケーションの機会に乏しく寂しい思いをしている高齢者の方もいますが、高齢者でも使いやすいサービスがあれば、こういった問題も解決するのではないかと思います。

未来のネットワークサービスに力を注いでいる御社であれば、このようなサービス開発ができるのではないかと思います。

面接官2： なぜ日本で働きたいんですか。

朴英洙 ： 日本が高齢者向けのサービスが進んでいるためです。韓国はこ れから高齢者社会になると思いますが、まだ高齢者向けのサービスは進んでおりません。そこで調べたところ、御社は高齢者向けの携帯電話サービスに特化し、他の会社にはない技術を持っていることをわかりました。そのためぜひ御社でネットワーク開発者として働きたいです。

高齢者 고령자　　　　　～向け ～대상, ～용

開発 개발　　　祖母 조모　　　使いこなす 잘 다루다

端末 단말　　　きっかけ 계기　　　田舎 시골

機会 기회　　　乏しい 부족하다　　　こういった 이러한

未来 미래　　　注ぐ 쏟아 붇다　　　進む 앞서다

調べる 조사하다　　　特化 특화　　　チャレンジ 도전

コミュニケーション 커뮤니케이션　　　ネットワーク 네트워크

1　高齢者向け

向け는 다른 어구에 접속하여 '~대상, 향하는 곳, 행선지, 도착지, 받는 곳'
의 뜻이 있다.

① 個人**向け**商品とサービスをご紹介します。
    개인용 상품과 서비스를 소개하겠습니다.

② 若年者**向け**の就労支援プログラムを運営しています。
    청년 대상 취업 지원프로그램을 운영하고 있습니다.

2　使いこなす

こなす는 잘게 부수거나 처리한다는 의미인데 동사 연용형에 붙어서 '잘~
하다, 완전하게~하다' 의미의 복합동사를 만든다. 使いこなす、着こなす
등이 대표적이다.

① 最低でもオフィスソフトは**使いこなせる**必要があります。
    적어도 오피스 소프트는 능숙하게 사용할 수 있어야 합니다.

② 彼は数か国語を自由に**使いこなせる**。
    그는 여러 국어를 자유롭게 구사할 수 있다.

3 力を注いでいる

注ぐ는 자동사로 '흘리다, 쏟아지다', 타동사로 '쏟다, 흘리다' 의 뜻이 있다.

① ペットは愛情を**注げば**応えてくれます。
   반려 동물은 애정을 쏟으면 반응을 해줍니다.

② 彼は仕事に全力を**注いだ。**
   그는 일에 전력을 쏟았다.

4 御社であれば

명사+であれば는 단정의 조동사 だ의 문어제인 である에 조건의 접속조사
ば가 결합된 형태로 '~(이)라면, ~하다면'의 뜻을 사용된다.

① 健康**であれば**何よりです。
   건강하다면 무엇보다 다행입니다.

② 購入前**であれば**口コミを確認する必要があります。
   구입 전이라면 입소문을 확인할 필요가 있습니다.

Ⅰ ~向け

① **子ども向け**にクルマづくりや地球環境について楽しみながら学べるコンテンツをご用意しています。

② 弊社は**フィーチャーフォン向け**ウェブサイトのサービスを11月15日をもって終了します。

③ 国内外の大手メーカーは**日本向け**スマートスピーカーを発表した。

④ GMやホンダの**中国市場向け**モデルの販売が増えた。

⑤ **サイト運営者向け**プログラムの詳細をご確認ください。

⑥ '**이용자용** 페이지'에 로그인하면 사용자정보의 변경을 사용할 수 있습니다.

⑦ 이 부근의 **채식주의자용** 식당을 알려 주세요.

⑧ **어린이용** 음악 게임 어플 개발에 관심이 있습니다.

⑨ **워킹맘 대상**으로 세미나를 개최합니다.

⑩ **장애인 대상** 지원기술을 이용한다면 무료로 Windows10으로 업데이트 가능합니다.

Ⅱ ～こなす

① これは素人でも**使いこなせる**のでしょうか。

② 冷蔵庫を賢く**使いこなせば**電気代だけでなく、食費の節約にもなります。

③ 慣れるまで頑張って**使いこなして**ください。

④ 今すぐマネできる**着こなし**のヒントが満載です。

⑤ 最近の定番の**着こなし**のポイントをご紹介します。

⑥ 새로운 컴퓨터를 아직 완전히 **잘 다루지** 못하고 있습니다.

⑦ 이러한 기능을 **잘 다루는** 것이 필수입니다.

⑧ 기능이 너무 복잡해서 **능숙하게 다루기**에는 시간이 걸립니다.

⑨ 최근에는 심플한 **옷차림**을 원하는 분이 늘어나고 있습니다.

⑩ 데님은 여러 가지 **옷차림이** 가능합니다.

Ⅲ 注ぐ

① 児童の生活改善に力を**注ぐ**教育政策が必要です。

② 皆さんのおかげで前向きな企業活動に全力を**注ぐ**ことができました。

③ 政治と行政が子育て支援や福祉の施策にもっと力を**注ぐ**必要があります。

④ データとノウハウを駆使して新製品の開発に情勢を**注い**できました。

⑤ 外国企業の投資と誘致に力を**注ぐ**ようになりました。

⑥ 부모는 아이에게 동등한 **애정을 주어야** 합니다.

⑦ 재난대책은 정부가 우선적으로 **힘을 쏟아야** 할 분야입니다.

⑧ 그 사건을 국민의 분노에 **기름을 부었습니다**.

⑨ 다른 회사는 할 수 없는 제품개발에 **힘을 쏟기로** 했습니다.

⑩ 본 단체는 환경문제에 **전력을 쏟고** 있습니다.

Ⅳ ～であれば

① 同じ仕事**であれば**正規社員であっても非正規社員であっても同じ金額を得られる。

② 夫婦2人が過ごす老後**であれば**家計の出費は現役世代より大きく下がります。

③ 同じ大学同士**であれば**就職活動を有利に展開できることもあります。

④ 赤外線リモコンに対応する家電**であれば**コントロール可能です。

⑤ 昔**であれば**女性は結婚と同時に退職し、専業主婦となることが多かったです。

⑥ **자영업이면** 그다음도 계속해서 확정신고를 할 수 있습니다.

⑦ **대학원생이라면** 인문계, 이공계 불문하고 연구로 바쁜 것이 당연합니다.

⑧ 주부의 아르바이트 연수입이 103만엔 **이하라면** 배우자 공제를 받을 수 있습니다.

⑨ 만약 **필요하다면** 설명하러 찾아뵐 수도 있습니다.

⑩ **건강하다면** 보험료가 할인이 된다.

부록

비즈니스 매너
비즈니스 시사용어
연습 문제 해답

비즈니스 매너

※ 면접 시 주의 사항 1 - 입실과 퇴실

일본에서 면접은 질의 응답 뿐만 아니라 대기상태부터 입실하여 퇴실할 때까지 모든 상황이 해당된다. 일본은 특히 입실과 퇴실매너까지 눈여겨 보기 때문에 매너를 익히도록 한다.

입실매너

1. 문을 노크한다

대기실에서 채용 담당자로 부터 지명 받으면 문 앞까지 가서 문을 3번 노크한다. 일본에서 두 번 노크는 화장실 노크이므로 주의한다. 안에서 응답이 없으면 5초정도 기다렸다가 다시 3번 두드린다.

2. 입실한다

· 면접관이 안에서 'どうぞ'하고 입실을 권하면 문을 연다.

· 문을 열 때 '失礼します' 하고 고개 숙여 인사한다.

· 입실 할 때는 면접관과 눈을 맞추며 인사를 한다.

3. 문을 닫는다.

면접관에게 완전히 등을 보이지 않도록 문에 비스듬히 서서 문을 닫는다.

면접관을 정면에서 보고 손 뒤로 문을 닫는 것은 부자연스러워 보인다.

문을 닫을 때는 큰 소리가 나지 않도록 조용히 닫는다.

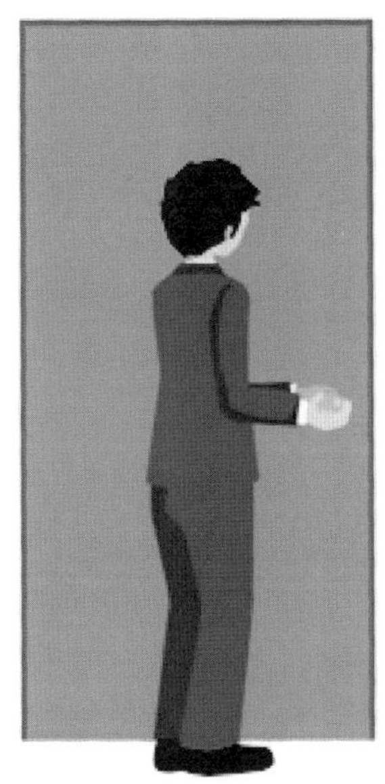

6. 의자 옆에 서서 이름을 말한다.

· 의자 옆까지는 활기찬 동작으로 이동한다. 이때 의자 앞을 가로지르지 않도록 한다.

· 면접관이 '大学名とお名前をどうぞ' 라고 하면 생기 있게 대학과 학과 이름을 말한다.

· 이름을 말한 후에 45도 각도로 인사를 하고 머리를 숙인 채 1초 정도 정지하는 것이 좋다.

· 면접관이 지시하기 전까지 착석하지 않는 것이 좋다. 면접관이 'どうぞお座りください'라고 지시하면 앉는다.

7. 착석한다.

· 앉으라는 지시가 있으면 착석한다.

· 앉기 전에 失礼します라고 15도 정도 고개 숙여 인사하고 착석
  한다.

· 앉을 때에는 의자 깊이 앉지 말고 등받이와 주먹하나 정도의 공
  간을 두고 앉는다.

· 남자는 손을 가볍게 주먹 쥐고 무릎 위에 올리고, 여자는 착석할
  때 양손을 모아 무릎 위에 올린다.

그 외 주의사항

· 가방이나 소지품은 앉을 때 의자 옆에 세워둔다. 눕히거나 의자에 걸지 않도록 한다.

· 겨울에 면접을 볼 때 외투는 입실 전에 접어 둔다. 옆 의자에 두거나 자신의 짐 위에 올려놓는다. 옆 의자에 놓을 때는 こちらに置いてもよろしいでしょうか' 하고 묻고 허가를 받은 다음에 둔다. 의자가 없을 때는 자신의 가방위에 가지런히 올려둔다.

· 면접관을 면접실에서 기다릴 경우에는 면접관이 들어오기 전까지 앉아 있어도 무방하다. 면접관이 들어오면 반드시 일어나서 本日は宜しくお願いします하고 인사한다.

퇴실 매너

입실만이 아니라 퇴실도 중요하다. 퇴실 매너가 마지막 인상을 결정 짓는다.

1. 면접 완료의 신호를 기다린다.

면접관이 '本日の面接は以上です。お疲れ様でした'(오늘 면접은 이상입니다. 수고했습니다)라는 말을 들으면 준비를 한다.

2. 면접이 끝나면 앉은 채 인사를 한다.

면접 종료 신호가 있으면 '本日はお忙しい中、貴重なお時間を割いていただき、誠にありがとうございました'라고 큰 목소리로 말한다. 앉은 채 머리 숙여 인사를 한다. 인사말과 인사를 동시에 하지 않도록 한다.

3. 일어나 의자 옆에 서서 한 번 더 인사를 한다.

· 의자에서 빨리 일어나 의자 옆에 선다. 의자 옆에 서서 失礼しま
  す라고 말한 후 몸을 숙여 인사한다. 인사말과 절을 동시에 하지
  않는다.

· 절을 한 후 문 앞까지 씩씩하게 이동한다.

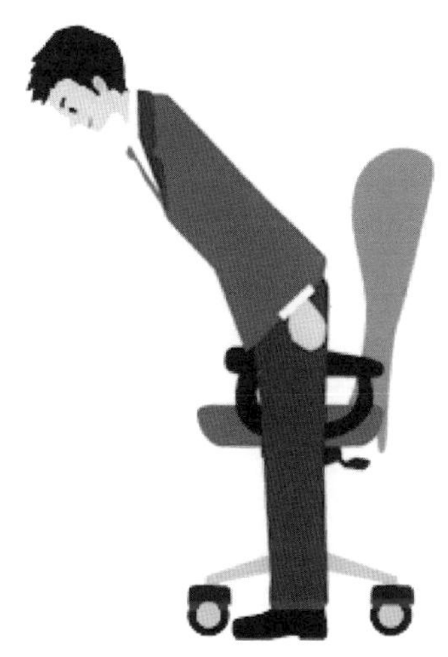

4. 문 앞에서 면접관에게 인사를 한다.

문 앞까지 이동한 후 마지막으로 한 번 더 면접관에게 인사를 한다.

・문을 열기 전에 면접관을 향해 몸을 돌린다.

・몸을 돌린 후 失礼します라고 말한 후 고개 숙여 인사를 한다.

・문을 조용히 연다.

5. 문을 닫을 때 눈을 마주친다.

・문을 열고 나가 문을 향해 서서 면접관과 눈을 맞추면서 문을 닫는다.

・나갈 때에는 면접관에게 등을 다 보이도록 하지 않는다.

・문은 조용히 닫는다.

※ 면접 시 주의 사항 2 - 질의 응답

[1] 자기소개

일본 회사 면접에서 자기소개를 묻는 이유는 지원자의 능력과 특징을 알 고 싶기 때문이다. 그러므로 '○○大学○学科○○○です'만으로 끝내는 것은 좋지 않다. 짧은 시간에 자기를 어필하라는 의도가 있으므로 대학생 때 주력한 활동, 장단점을 간결하게 설명한다.

1. 기본 프로필과 주된 활동을 설명한다.

자기소개이므로 학교, 학과, 이름은 반드시 말한다. 여기에 능력, 장점을 어필하기 위해 대학생 때 어디에 주력하고 어떤 활동을 했는지 말한다. 너무 길고 상세하게 할 필요는 없고 60초 정도로 정리하여 말한다.

2. 자신을 한마디로 소개할 키워드를 준비해 둔다.

면접관에게 인상을 남기기 위해 자신을 한마디로 표현할 수 있는 키워드를 준비한다. 私は醬油のような人間です(나는 간장과 같은 사람입니다)는 일본에서 상투적인 표현이므로 오히려 개성이 없어 보인다.

3. 학창시절의 활동을 통해 인성을 전달한다.

학창시절의 활동내용 자체를 어필하는 것이 아니라 활동내용을 통해 자신의 인성과 가능성을 말한다. 또한 왜 그 활동을 시작했는지, 왜 그 활동을 열심히 했는지를 통해 자신이 어떤 생각으로 행동하는지를 전달한다.

4. 어떤 과제와 문제를 직면하고 대처했는지를 말한다.

학창시정의 활동 내용 중 목표와 과제를 중심으로 말하고 이를 달성하기 위해 어떤 노력을 했는지를 자세히 설명한다.

5. 활동 결과를 말한다.

학창시절 활동 결과를 숫자를 이용하여 전달하는 것이 좋다. 자신의 행동 전과 후 무엇이 달라졌는지 가능한 구체적으로 전달한다. 숫자로 표현할 수 없는 경우에는 다른 사람의 평가를 인용하여 성과를 전달하는 것도 한 방법이다.

6. 학창 시절의 경험으로 무엇을 배웠는지 전달한다.

기업은 취업생의 가능성에 중점을 둔다. 앞으로의 가능성을 어필하기 위해서는 지금까지의 경험만을 어필하는 것이 아니라 경험에서 무엇을 얻었는지 전할 수 있어야 한다.

[2] 지원이유

일본회사에서 면접관이 지원이유를 묻는 이유는 첫째, 입사의욕을 확인하고 둘째, 회사와 맞는 사람인지, 셋째 정보수집 능력을 알고 싶기 때문이다.

회사가 채용하고 싶은 인재는 능력이 있으면서 일에 열의가 있는 사람이다. 그 회사에 대한 지원 희망이 높고 열의가 있는 사람은 채용 후에도 동기부가 유지되어 활약한다고 생각하기 때문이다.

능력과 열의만으로 채용이 어려운 것이 바로 자기 회사와 맞는 인재인가이다. 회사마다 특징이 있고 업무내용뿐만 아니라 사풍과 회사의 방향성은 회사마다 다르므로 면접관은 이를 판단하여 미스매칭을 피해야 하기 때문이다.

면접관은 지원자가 얼마나 자기 회사를 이해하고 있는지 알아야 한다. 지원 동기는 취직활동의 이해력이나 정보수집 능력을 통해 업무에 필요한 능력을 판단할 수 있다. 특히 금융, IT계열 회사와 같이 전문성이 높은 기업은 이점에 주의한다.

따라서 다음과 같은 지원 동기를 언급해야한다.

1. 왜 이 회사를 선택 했는가

같은 업종의 회사 중에서 왜 이 회사를 선택했는가를 명확히 전달
해야 한다. 이 점을 명확히 하지 않으면 같은 직종이면 어디든지 된다
는 인상을 심어주기 쉽다. 목표 회사를 철저히 분석하여 그 회사에 관
심을 가지게 된 이유, 그 회사만이 가진 가치, 기업 설명회의 인상 등
을 들어 전달한다.

・私は、より豊かな福祉、介護サービスを提供し、介護者の負担を減らし
たいと思い御社を志望いたしました。

저는 보다 풍부한 복지, 간병 서비스를 제공하고 간병인의 부담을 줄이고
싶어 귀사에 지원했습니다.

・中小企業のコンサルティングに携わり、経営を支えたいと考え、志望いた
しました。

중소기업 컨설팅에 종사하고 경영을 지원하고자 입사지원 했습니다.

2. 회사에 어떻게 공헌하고 싶은가

구체적으로 어떤 일을 하고 싶은지 전달하면 지원 동기가 높고 할 일을 명확히 파악하고 있는 인재라는 인상을 줄 수 있다. 지원동기를 알리기 위해 자신만의 가치관을 전달하는 것이 효과적이다. 그 업무에 흥미를 가지게 된 계기, 이유 등을 들어 구체적으로 전달한다.

介護施設や訪問介護だけでなく、福祉機器の開発、販売など総合的な福祉事業を展開している御社ならば、介護者を視野に入れた福祉機器を広め、疲れない介護という私の目標を達成できると確信しています。

간병 시설과 방문 간병뿐만 아니라 복지 기기의 개발, 판매 등 종합적인 복지사업을 전개하는 귀사라면 간병인을 시야에 넣은 복지기기를 알리고 힘들지 않는 간병이라는 저의 목표를 달성 할 수 있을 것이라 확신합니다.

3. 지원동기의 근거가 되는 경험

　면접관의 인상에 남기 위해서는 지원 동기의 근거가 되는 경험을 포함 하는 것이 좋다. 예를 들면 '일본에서 활약하고 싶다'라고 밝히는 한국지원자는 많다. 그러나 왜 '일본에서 활약하고 싶은가'를 전달해야 한다. 자신만의 경험을 들어 구체적이고 개인적인 지원동기를 밝혀야 한다.

　私は大学生時代、病気の祖父の介護を経験しました。祖父の介護は主に母と祖母が協力して行い、休みの日に私が手伝っていました。韓国にも訪問介護制度があり、利用していましたが、母と祖母の負担は大きく、介護による疲れやストレスから頻繁に体調を崩すようになりました。介護に疲れている母と祖母の姿、実際に介護を手伝った経験から、介護の大変さを目の当たりにしました。

　저는 대학생 때 아프신 할아버지를 간병한 경험이 있습니다. 할아버지의 간병은 주로 할머니와 어머니가 협력하여 하시고 휴일에는 제가 도와드렸습니다. 한국에도 방문간병제도가 있어 이용했습니다만 할머니와 어머니의 부담이 커서 간병으로 인한 피로와 스트레스로 자주 아프셨습니다. 간병으로 지친 어머니와 할머니의 모습을 보고, 또 실제로 간병을 도운 경험에서 간병이 얼마나 힘든지를 직면했습니다.

4. 입사 후 계획

입사가 최종 목표는 아니다. 입사 후 또는 장래에 어떤 일을 하고 싶은 지을 말한다. 장래의 전망을 설명하여 일에 대한 의욕과 열의를 어필한다.

入社後は、営業として福祉機器の普及に尽力し、将来的には海外営業部で介護者の負担を減らすような製品を韓国など海外に広めたいと考えております。

입사 후에는 영업으로 복지기구 보급에 힘쓰고 장래에는 해외영업부에서 간병인의 부담을 줄이는 제품을 한국 등 해외에 알리고 싶습니다.

지원 동기에서 피해야 할 내용

1. 기업 이념을 그대로 말하기

기업의 홈페이지를 통해 기업 이념을 체크하는 것이 기본이지만 지원동기를 말하는 자리에서 기업 이념을 그대로 말하는 것은 옳지 않으며 구체적인 내용 없이 '企業理念に共感した(기업 이념에 공감했다)'와 같은 표현은 오히려 좋은 인상을 남기기 어렵다.

2. 연봉이나 사원복지

연봉과 사원복지는 취업회사를 고르는 지침이 되지만 지원동기에서 언급하는 것은 피하도록 한다. 연봉이나 사원복지가 좋아서 지원했다 하더라도 회사 측에서는 열의나 의욕을 느끼지 않는다. 오히려 비슷한 연봉과 사원복지가 좋은 곳은 얼마든지 있다는 이미지를 받을 수 있다.

3. 창업의 의욕

대다수의 회사는 오랫동안 길게 근무하길 원한다. 따라서 창업을 꿈꾸며 회사를 떠날 인재를 적극적으로 채용하지 않는다. 물론 도전 정신으로 평가하는 회사도 있으므로 기업의 사풍을 분석해서 판단해야 한다.

4. 소극적인 자세

일본기업 중에는 사원교육이 충실한 기업이 많다. 이러한 기업의 교육제도에 매력을 느껴 지원 동기에 '교육제도를 이용하려 성장하고 싶다'고 말하는 경우가 있다. 그러나 기업 입장에서는 기업이 자신을 성장시켜 주기를 바라는 태도로 보이며 소극적인 사람을 판단하기 쉽다. 자신의 성장을 주로 언급하기보다 이러한 시스템을 이용하여 기업에 어떻게 공헌하고 싶은지를 전달하는 것이 좋다.

5. 다른 사람의 추천

일본으로 취업 활동을 취업 사이트나 취업한 선배의 소개로 응모하는 경우가 있다. 특히 취업 사이트는 이력서나 면접 지원을 받을 수 있으므로 편리 하지만 지원 동기에 이를 언급하는 것은 주체성이 없는 사람으로 평가되므로 주의한다.

6. 기업의 장래성

흔히 지원 동기에서 '企業の将来性に惹かれました(기업의 장래성에 끌렸습니다)'라고 말하기 쉽다. 그러나 장래성만을 언급하면 회사기 위기에 처했을 때는 떠날 수 있다는 인상을 준다. 기업의 장래성에 기대하는 것이 아니라 자신이 기업의 성장에 어떤 공헌을 할 수 있는 지를 어필해야 한다.

이메일은 손쉽고 간편한 전달 수단으로 비즈니스에서는 꼭 필요한 커뮤니케이션 수단이다. 그러나 이메일의 단점도 이해하고 사용해야 한다.

(1) 이메일의 단점

1. 상대의 반응을 알 수 없다.

2. 상대가 읽었는지 알 수 없다.

3. 시간과 장소를 공유할 수 없다.

4. 미묘한 뉘앙스를 전달 할 수 없다.

5 컴퓨터가 있어야만 이용할 수 있다.

6. 커뮤니케이션이 간결해지기 쉽다

7. 내용을 다른 사람이 읽을 수 있다.

8. 일단 송신된 메일은 취소할 수 없다.

9. 시말서와 같이 상대에게 성의를 충분히 보여야 할 경우에는 사용
   할 수 없다.

(2) 이메일만으로는 해결하면 안 되는 경우

1. 자신에게 큰 잘못이 있는 경우

자신 혹은 자신 측에 큰 잘못이나 과실이 있음에도 이메일로만 사죄하는 것은 부적절하다. 사죄를 할 때는 상대와 직접 이야기를 하고 머리 숙여 용서를 구해야 한다.

2. 긴박한 의뢰

거절당하면 곤란한 긴박한 의뢰나 상대에게 큰 부담이 되는 의뢰 (신원보증, 연대보증, 금전대출 등)은 대면하여 사정을 자세히 설명한 후에 상대를 납득시킬 필요가 있다.

3. 긴급 상황

이메일은 송신과 수신이 직접 이루어지지 않는다. 즉 이메일을 보내어도 상대가 열어보지 않으면 메일은 도착하지 않은 것이 된다. 긴급한 상황에서는 전화 등을 이용하여 조속히 연락을 취해야 한다.

4. 지각, 결근

지각이나 참석이 어려운 경우에는 약속 시간 전 혹은 행사 전까지 연락을 하는 것이 매너이다. 전화를 할 수 없는 상황이라면 그러한 내용을 메일로 보내고 나중에 전화를 해야 한다.

(3) 비즈니스 이메일의 주의 사항

1. 제목은 간결하게 알기 쉽도록 쓴다.

메일을 받는 수신자는 반드시 제목을 확인한다. 많은 메일을 처리해야하는 상대에게 제목이 명확하지 않는 메일은 읽히지 않은 채 휴지통으로 버려질 가능성이 있다. 또 수신자는 받은 편지함의 제목과 보낸 사람을 기준으로 답메일의 우선순위를 정한다. 그러므로 상대가 메일을 열어보지 않더라도 알 수 있도록 제목은 본문 내용을 간결하게 알기 쉽도록 써야한다.

나쁜 예와 좋은 예를 보면 다음과 같다.

나쁜 예	좋은 예
打ち合わせの件	10/13(金)午前10時の打ち合わせの件
木村さんへ	～のご連絡
ご報告	納期・価格決定のご報告
システム点検作業のため、	10/1日は社内メールが使えません
社内メールは10月1日は使えません	

2. 무슨 용건인지를 쓴다.

「～会議」、「～案件」、「～新製品の案内」과 같이 무슨 용건인지 알수 있는 단어를 써야한다.

3. 언제 용건이 있는지 쓴다.

第三回、NO.5、10月 1 日、10/ 1 과 같이 기한이나 회수를 넣어 언제인지를 알 수 있도록 한다.

4. 무엇을 원하는지를 쓴다

～のお願い、～のご連絡、～のご報告、～のご提案 등과 같이 무엇을 전달하려는 지를 쓴다. 받은 상대는 메일의 개요를 대충 파악하고 본문을 읽을 수 있다.

· 제목에 Re:를 여러 번 사용하지 않는다.

메일을 여러 번 주고 받으면 Re:Re:Re:…처럼 다수의 Re:가 반복된다. 상대에 대한 실례이며 성의 없는 태도로 비칠 수 있다. Re:가 반복되지 않도록 세 번째부터는 제목을 고쳐서 보낸다.

Re:了解しました(お伺い予定の連絡)

· 【重要】、【緊急】、【情報】등의 키워드를 넣는다.

제목에 【重要】, 【緊急】, 【情報】와 같은 키워드를 넣으면 상대가 보기 쉽도록 적극적으로 메일 제목을 쓴다. 그러나 빈번하게 사용하면 효과는 적으므로 적절히 사용하도록 한다.

비즈니스 메일은 일반 회화와는 다른 특유의 존경표현을 많이 사용하므로 다음의 표현을 익히자.

일반회화	비즈니스 메일	의미
私たち	私ども	저희
了解しました	承知いたしました 承りました	알겠습니다
思います	存じます	생각합니다
考えています	所存です	생각합니다
いいでしょうか	よろしいでしょうか	괜찮습니까
今回	このたび	이번
さっきは	さきほどは	조금 전
後で	のちほど	나중에
このあいだ	先般　　　先日	얼마 전
もうすぐ	間もなく	곧, 금방
すぐ	速やかに 早急に 迅速に	빨리 조속히 신속히
どこへ	どちらへ	어디로
こっち	こちら	이쪽
こんな	このような	이러한
やっと	ようやく	겨우
きっと	おそらく	반드시 분명히
ものすごく	たいへん とても 非常に	매우 상당히
ちょっと	少々	조금
すみませんが	申し訳ございません 恐縮ですが お手数おかけしますが ご面倒おかけしますが	죄송합니다만
すみません	申し訳ありません 申し訳ございません 恐縮です	죄송합니다
そこで	ついては　つきましては	그래서
どうか	何とぞ	부디 제발
何はともあれ	まずは	우선, 일단
ふだんは	平素は	평소에는
～を兼ねて	～のついでに ～かたがた	겸해서
取りあえず	取り急ぎ	급한대로, 먼저

일본의 비즈니스 메일은 일정한 양식과 지켜야 하는 매너가 있다. 상대와 메일을 주고받은 빈도나 정도에 따라 사용되는 표현이 다르므로 구분해서 써야한다. 일반적인 양식은 다음과 같다.

1.宛先 - 받는 사람

2.書き出し- 서두

3.名乗り- 본인 소개

4.本文(用件)- 본문(용건)

5.結び - 마무리

6.署名 - 보내는 이의 서명

1. 宛先- 받는 사람

받는 사람은 비즈니스 메일을 보낼 경우 개인용 메일 주소가 아닐 수도 있다. 확실히 상대에게 전해지도록 본문에도 받는 사람이름을 쓴다. 이 경우 개인에게 보내는 경우와 단체 전원에게 보내는 경우가 있는데 특정 개인에게 보내는 경우에는 様를 이름 뒤에 첨가하고 소속이 있는 경우에는 회사이름, 부서를 기입하고 이름과 様를 기입한다.

주의할 점은 회사명은 공식명을 쓰는 것이다. (株)와 같이 생략하는 것은 좋지 않으며 회사에 따라서는 주식회사를 앞에 쓰는지 뒤에 쓰는지 다르므로 주의한다. 또 회사명-부서+이름+様는 각각 행을 달리한다.

복수에게 보내는 경우에도 특정그룹 전원에게 보내는 경우와 여러 그룹에게 보내는 경우가 있는데 특정그룹 전원에게 보내는 경우 各位 혹은 皆様를 쓴다. 여러 그룹에게 보내는 경우에도 각 그룹별로 各位를 쓴다.

1) 소속이 없는 개인에게 보내는 경우
　　木村　武様

・회사에 소속된 개인인 경우
　　株式会社　大阪産業
　　人事部　木村武　様

2) 받는 이가 복수인 경우

・특정 그룹 전원에게 보내는 경우
　　営業担当者各位　혹은 営業関係者の皆様

・여러 그룹에게 보는 경우
　　営業関係者各位、企画関係者各位

2. 書き出し- 서두

보통 인사로 서두를 시작하며 가장 일반적인 인사는 「お世話になっ
ております」이다.

1) 만난 적이 없는 사람에게
   突然のメールで失礼いたします。
   갑작스런 메일로 실례합니다.

   はじめてメールを送らせていただきます。
   처음 메일을 보냅니다.

2) 거래처 담당자에게
   いつもお世話になっております。
   늘 신세를 지고 있습니다.

   貴社ますますご清栄のこととお喜び申し上げます。
   귀사의 번창을 기쁘게 생각합니다.

   ますますご健勝(活躍)のことと存じます。
   나날이 건승(활약)하신줄 압니다.

   いつもお世話になっております。
   언제나 신세를 지고 있습니다.

いつもお手数をおかけしております。
늘 도움을 받고 있습니다.

ご無沙汰しております。
그동안 소식을 전하지 못했습니다.

先日はお世話さまでした。
지난번에는 신세를 많이 졌습니다.

先日はお疲れさまでした。
지난번에는 수고 많으셨습니다.

先日はごちそうさまでした。
지난번에는 후한 대접을 받았습니다.

お久しぶりです。
오래간만입니다.

お元気ですか。
안녕하십니까

お変わりありませんか。
변함없으신지요

いかがお過ごしですか。
어떻게 지내십니까

3) 며칠 전에 만난 사람에게

先日は、お付き合い下さり、誠にありがとうございました。
지난번에는 시간을 내 주셔서 정말 감사드립니다.

過日は、たいへんお世話になり感謝いたしております。
지난번에는 대단히 신세를 지게 되어 감사드립니다.

4) 연락처 경위를 전달할 경우
キム様よりメールアドレスを教えていただき連絡いたしております。
철수님으로부터 메일 주소를 받아 연락드립니다.

5) 전화통화 후 메일을 보내는 경우
先ほどはお電話にて失礼いたしました。
조금 전 전화로 실례가 많았습니다.

3. 名乗り- 본인 소개

본인을 알리는 본인소개를 메일 시작에 쓰는 것이 중요하다. 상대에게 지금까지의 거래나 배경을 파악하는데 도움이 되기 때문이다.

비교적 면식이 없는 사람에게는 「~社で〇〇をしております、△△と申します」를, 자주 만나고 이름을 알고 지내는 경우에는 「~社の〇〇です」라고 쓴다.

4. 本文(用件)- 본문(용건)

본인을 밝힌 다음에는 간결하게 메일을 보낸 목적을 쓴다. 상대방이 메일의 목적을 한눈에 파악하도록 쓰는 것이 중요하다.

5. 結び - 마무리

간결하게 마무리 한다. 회답을 요구할 경우 기한을 제시하는 것도 중요하다.

1) 회답이 필요한 경우
   ご返信をお待ち申し上げております。
   회답을 기다기겠습니다.

   お手数ですが、ご一読のうえご返信をお願いいたします。
   번거로우시겠지만 읽으신 후 회답을 부탁드립니다.

   恐れ入りますが、ご確認のうえご返答をお願い申し上げます。
   죄송합니다만 확인 후 회답을 부탁드립니다.

   恐縮ですが、至急、ご返信をお願いいたします。
   죄송합니다만 급히 회답을 부탁드립니다.

   お手数ですが、10日(月)午前中までに、ご返信賜りますようお願い申し上げます。
   번거로우시겠지만 10일(월) 오전 중으로 답신을 받았으면 합니다.

2) 다시 메일을 보낼 경우
   (それ)では、決まり次第ご連絡させていただきます。
   그럼 결정되는 대로 연락 드리겠습니다.

   (それ)では、またご連絡いたします。
   그럼 또 연락 드리겠습니다.

   (それ)では、確認次第ご連絡させていただきます。
   그럼 확인 즉시 연락드리겠습니다.

3) 처음 메일을 보내는 경우
   まずはご挨拶まで
   우선 인사먼저 드립니다.

4) 간결하게 보내는 경우
   用件のみにて失礼いたします。
   용건만으로 마치겠습니다.

5) 일반적인 마무리 인사
   何卒よろしくお願い申し上げます。
   부디 잘 부탁드립니다.

   ご高配賜りますようお願い申し上げます。
   생각 해 주시길 바랍니다.

   あしからずご了承ください。
   부디 언짢게 생각지 마시길 바랍니다.

○○様によろしくお伝えください。
○○님에게 안부 전해 주십시오.

お詫びまで 사죄드립니다.
御礼まで 감사드립니다.
お知らせまで 연락드립니다.
ご連絡まで 연락드립니다.

用件のみにて失礼します。
용건으로만 마치겠습니다.

6. 署名 – 보내는 이의 서명

서명은 발신자의 이름, 주소, 전화번호 등을 메일 말미에 넣는 것이
일반적이다. 서명의 행수는 4행~5행, 많아도 6행~8행 정도가 일반적
이다. 양식은 정해져 있지는 않지만 다음 항목은 넣어야한다.

· 회사명, 부서명

· 이름(한자 혹은 영어를 첨가한다)

· E메일 주소

· 우편번호, 주소

· 전화번호, 팩스번호(한국의 국제번호인 +82로 시작한다)

방문객을 안내하는 방법

① 중요한 방문객일 경우 현관 입구에서 맞이한다.

② 면회를 요청한 방문객은 응접실까지 안내한다. 이때 방문객보다 두세걸을 앞서서 안내하는데 방문객에게 뒤를 보이지 않도록 주의한다. 또 가는 방향을 지시할 때는 손끝을 가지런히 모아 가리킨다.

③ 응접실에 들어갈 때 문이 안으로 열리는 경우 안내인이 먼저 들어가 방문객을 맞이하고 반대로 문이 바깥을 열리는 경우 방문객에게 먼저 들어가도록 한다.

④ 방 입구에서 먼 자리, 입구가 보이는 자리, 창에서 경치가 잘 보이는 자리, 방의 장식등이 잘 관찰 할 수 있는 자리가 상석이다.

⑤ 음료를 낼 때는 가볍게 '失礼します'라고 인사한 후 방문객에게 먼저 차를 내고 자기 회사측 사원에게 낸다.

자리배치

〈기본 배치〉

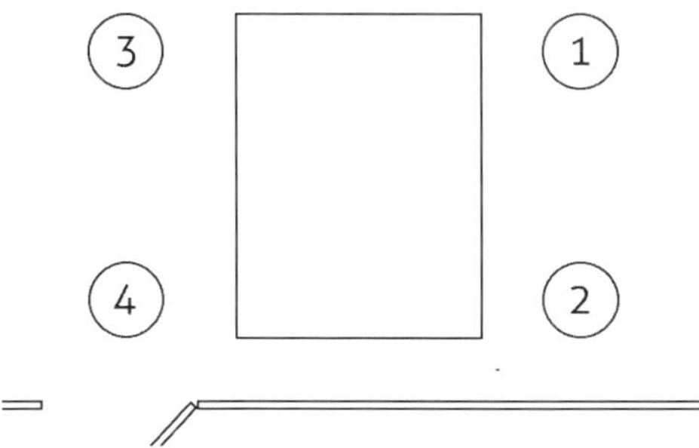

회의나 접대 종류를 막론하고 위의 좌석배치가 기본이다.
출입구에서 가장 가까운 자리가 말석이고 가장 먼 자리가 상석이다.

〈회의실일 경우〉

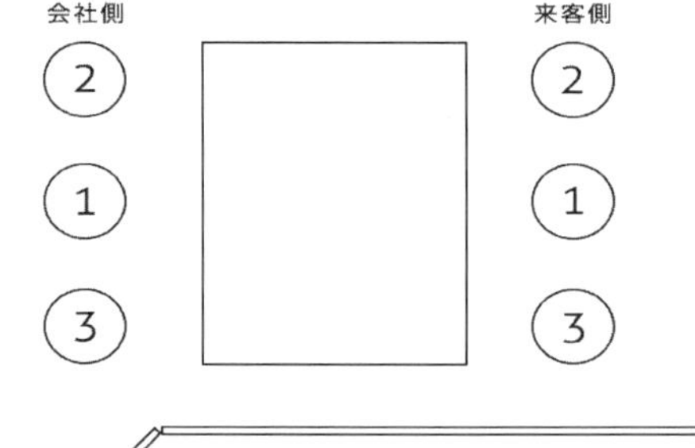

자기 측 회의실에 방문객을 맞이할 때 위와 같은 배치가 된다. 출입
구에서 먼 자리의 중앙이 상석이다. 자기 측 또한 중앙이 상석이며 출
입구에서 가장 가까운 자리가 말석이다.

〈응접실일 경우〉

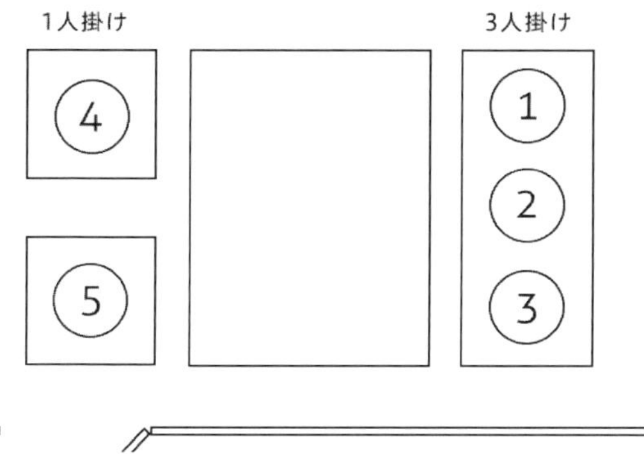

　출입구에서 먼 좌석이 상석이며 1인용 의자보다는 소파가 상석이다. 소파는 중앙보다 입구에서 먼 쪽이 상석이다. 또 소파의 종류에 따라 다음과 같은 차이가 있으므로 배치에 주의해야 한다.

① 긴 의자
② 1인용 팔걸이가 있는 의자
③ 등받이 있는 의자
④ 등받이 없는 의자

〈의장이 있는 회의실일 경우 1〉

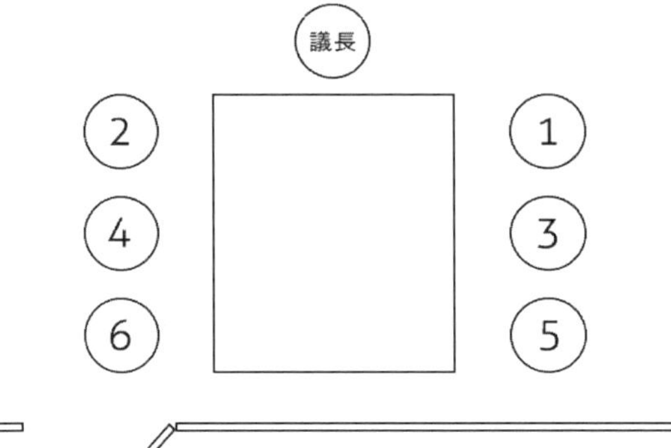

의장석 맞은편에는 좌석 배치를 하지 않아야 하며, 출입구에서 가장 먼 곳, 의장석에서 가까운 자리가 상석이다.

〈의장이 있는 회의실일 경우 2〉

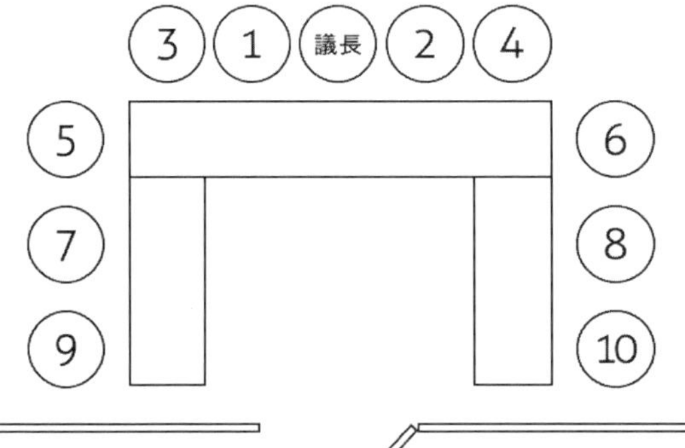

대면석이 없는 중앙석이 의장석이며 의장의 오른쪽이 최상석이다. 그 다음으로 의장의 왼쪽, 오른쪽 순이다.

〈원탁일 경우〉

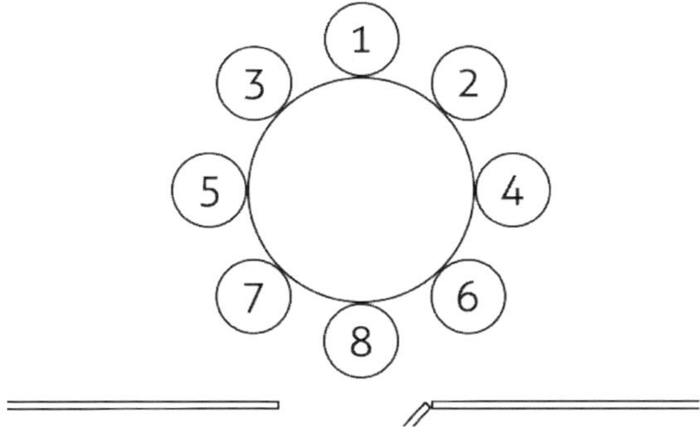

출입구에서 가장 먼 자리가 상석이며 나머지는 위 그림 순이다. 접대를 할 경우 방문객이 자리에 앉을 때까지 출입구에서 기다리는 것이 매너이므로 주의해야 한다.

〈엘리베이터일 경우〉

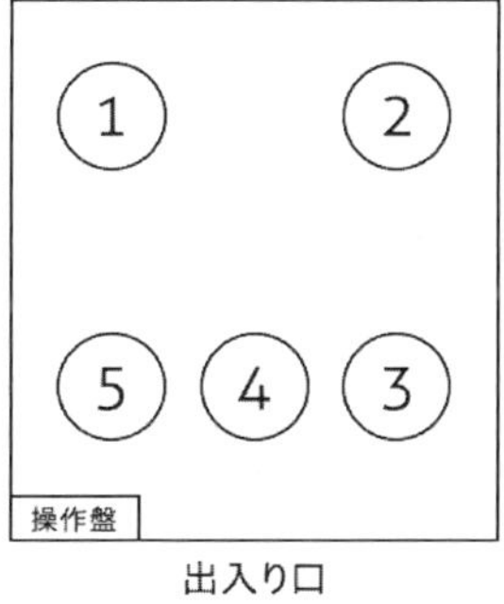

엘리베이터에서는 방문객을 먼저 타게 한다. 방문객과 상사가 탄 것을 확인한 후 가장 마지막에 타서 조작판 앞에 선다. 내릴 때에도 역시 방문객과 상사가 내린 후 가장 마지막에 내린다.

〈택시로 이동할 경우–일본〉

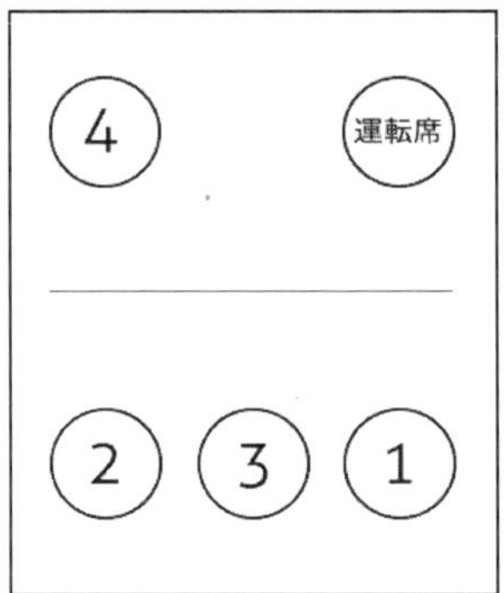

운전석 바로 뒤가 상석이다. 뒷자석은 중간자리가 가장 낮은 좌석이며 3명이 앉을 경우 타고 내리는 것이 번거로운 문제가 생기는데 탑승 전에 본인에게 ‘後ろの席でよろしいでしょうか’ 라고 묻는 것이 좋다.

〈접대측에서 운전을 할 경우–일본〉

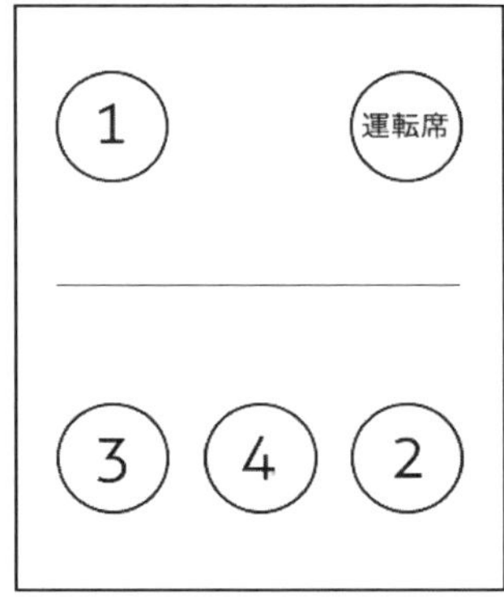

4~5명이 승차할 경우 조수석이 상석이고 뒷자석은 중간석이 하석이다. 운전자를 포함해서 3명일 경우는 뒷자리에 여유가 있으므로 뒷자석이 상석이 된다.

사죄의 메일

일본과의 비즈니스에서 제품의 결함이나 불상사가 생겼을 겨우 사죄의 메일 뿐만 아니라 직접 찾아가 성의를 전달해야한다. 어떤 사죄문이든 자기측의 잘못으로 인한 것이 명백해졌으면 가능한 빨리 보내는 것이 가장 중요하다. 사죄메일은 책임이 자기측에 있다는 것을 인정하는 증명서이기도 하다. 그러므로 책임이 어느 쪽에 있는지 명백해진 다음에 보내는 것이 적절하다. 사죄의 메일을 보내는 경우 다음 사항을 주의하자.

① 상대는 사죄를 기다리므로 일반적으로 보내는 비즈니스 메일의 계절 인사는 필요하지 않다.
② 트러블이 일어난 원인을 전달한다. 변명을 말하는 듯한 인상을 주지 않도록 간결하게 적는다.
③ 어쩔 수 없이 일어난 불상사나 예상할 수 없는 트러블이 일어난 경우 상대의 이해를 구할 수가 있고 신뢰회복으로 이어질 수 있다.
④ 원인을 알 수 없는 경우 조사 중이고 파악하는 즉시 보고하겠다는 의사를 전달한다. 사실만을 전달하고 개인적인 추측을 적어서는 안 된다.
⑤ 해결책과 결의를 구체적으로 적고 다시 한 번 더 사죄의 말로 끝을 맺는다.

사죄문의 예시

〈제품의 결함〉

このたび当社製品に不具合があったこと心よりお詫び申し上げます。原因に
つきましては現在調査を進めている段階でございます。
早急に原因解明に努めてまいりますので何卒よろしくお願い申し上げます。
まずは取り急ぎ書面にてお詫び申し上げます。

이번에 저희 회사 제품에 결함이 생긴 점 진심으로 사죄의 말씀 올립니다.
현재 원인 조사를 진행하는 단계입니다.
조속히 원인규명에 노력하고 있으므로 아무쪼록 잘 부탁드립니다.
먼저 서면으로 사죄의 말씀을 올립니다.

〈납기 지체1〉

平素は格別のご高配を賜り、厚くお礼申し上げます。

釜慶産業、営業部の朴英浩でございます。

ご連絡いただいた　「ооооо」納期遅延の件、たいへんご迷惑をおかけし、まことに申し訳なく深くお詫び申し上げます。

じつは、メーカーからの入荷がたいへん遅れており、ご指定の期日にお届けする事が出来ない状態です。

発売後予想以上の売れ行きと、一部海外工場のストによる部品製造中止状態によるものとのことです。

現在は、国内外の工場をフル稼働で生産しており、貴社には10月初旬には納品できる予定です。

本日までご連絡が遅くなり、大変申し訳ございません。

メールにて恐縮ですが、お詫びとご連絡を申し上げます。

평소 각별한 배려에 깊이 감사의 말씀을 올립니다.

부경산업 영업부 박영호입니다.

연락 주신 'ооооо' 납기 지연에 대해 큰 폐를 끼쳐 드릴 말씀이 없으며 깊은 사죄의 말씀을 올립니다.

실은 메이커에서 입하가 상당히 늦어져 지정하신 기일에 보낼 수 없는 상태입니다.

발매 후 예상보다 판매가 많았고 일부 해외공장의 파업으로 부품 제조가 중지된 것이 원인입니다.

현재, 국내외 공장을 풀가동시켜 생산하고 있으며 귀사에는 ○월초까지는 납품될 예정입니다.

오늘까지 연락이 늦어 대단히 죄송합니다.

메일로 죄송합니다만 사죄와 연락을 드립니다.

〈납기지체 2〉
件名: 調査分析のまとめが遅れています
大阪産業
木村武様

いつもお世話になっております。
釜慶産業の朴栄浩です。
今週末が締切となっている調査分析のまとめですが、
集計作業が遅れております。
現在、作業者を増員して全力で進めておりますが、
期日までにすべてを完成させるのは、難しい見通しです。
たいへん申し訳ありません。
来週20日には完了できる見通しですが、お待ちいただけますでしょうか。
なにとぞよろしくお願いいたします。

건명: 조사분석의 정리가 지연되었습니다.
오사카산업
기무라 다케시 님

늘 신세를 지고 있습니다.
부경산업의 박영호입니다.
이번 주말이 기한인 조사 분석 정리에 대해서입니다만
집계작업이 늦어지고 있습니다.
현재 작업자를 증원해서 전력으로 진행 중입니다만
기일까지 전부를 완성시키는 것은 어려울 것으로 예상됩니다.
대단히 죄송합니다.
다음주 20일에는 완성될 전망입니다만 기다려주실 수 있으신지요.
아무쪼록 잘 부탁드립니다.

＜발주착오＞
件名: ○○(商品名)発注につきましてお詫び
株式会社 大阪産業
木村武 様

いつも大変お世話になっております。
釜慶産業営業部の朴栄浩です。
ご連絡が遅くなりまして、誠に申し訳こざいません。
先日、お見積もりをいただいた商品の件ですが、確認いたしましたところ、
私共の確認ミスで、正式な発注手続きができておりませんでした。

つきましては、明日10月30日中に正式な発注手続きをいたしますので
10月30日までの納品でお願いしたく存じます。

このたびはこ連絡が遅くなり、またこちらの不手際で、
ご迷惑をおかけいたしましたこと、改めてお詫び申し上げます。
なにとぞ、よろしくお願いいたします。

건명: ○○발주에 대한 사죄
주식회사 오사카산업
기무라 다케시 님

늘 신세를 지고 있습니다.
부경산업 영업부의 박영호입니다.
연락이 늦어 대단히 죄송합니다.

지난번 견적을 보내주신 상품에 대해서입니다만 확인해본 결과
저희 측 확인 실수로 정식 발주 수속이 이루어지지 않았습니다.
따라서 내일 ○월 ○일 중으로 정식 발주수속을 하오니 납기를 ○월 ○일까지
로 부탁드립니다.

이번 일은 연락이 늦었고 또 저희의 불찰로 폐를 끼친 점, 다시 한 번 사죄
의 말씀을 드립니다.
아무쪼록 잘 부탁드립니다.

비즈니스 전화 응대는 가능한 빨리 전화를 받고 밝은 목소리로 중요한 정보는 메모하면서 복창하며 상대를 길게 기다리지 않게 하는 것이 중요하다.

① 가능한 빨리 전화를 받는다.
· 벨이 세 번 울리기 전에 전화를 받을 경우
  (오전11:00까지) おはようございます、○○産業でございます。
  (오전 11:00 이후 시간대)お電話ありがとうございます。○○産業でございます。
· 벨이 세 번 이상 울린 경우
  お待たせいたしました。○○産業でございます。
· 벨이 수회 울린 경우
  大変お待たせいたしました。○○産業でございます。

② 밝은 목소리로 응대한다.
전화응대 첫 목소리로 회사의 인상이 결정된다. 밝고 건강한 목소리로 응대한다.

③ 중요한 정보는 메모와 복창을 한다.
· 상대방의 회사명, 이름은 반드시 메모한다.
· 복창을 하며 확인한다. 다른 사람으로 연결을 할 때에도, 담당자가 부재중일 경우에도 회사명, 이름을 반드시 복창한다.

木村様でいらっしゃいますね。いつも大変お世話になっております。
기무라님이시군요. 늘 신세를 지고 있습니다.

木村様でいらっしゃいますね。いつもありがとうございます
기무라 님이시군요. 늘 감사합니다.

営業部の朴栄浩でございますね。かしこまりました。少々お待ち
ください。
영업부의 박영호 말씀이시군요. 알겠습니다. 잠시 기다려 주십시오.

· 상대의 목소리가 알아듣기 어려운 경우에는 다음과 같은 표현을
  사용한다.
  恐れ入ります。少々電波状態が悪いようなのですが。
  죄송합니다. 조금 전파상태가 안 좋은 것 같습니다만.

  恐れ入ります。少しお電話が遠いようなので、もう一度お願いい
  たします。
  죄송합니다. 전화감이 조금 먼 것 같은데 한 번 더 말씀해 주십시오.

  恐れ入りますが、お名前を頂戴できますでしょうか。
  죄송합니다, 성함을 말씀해 주시겠습니까?

  恐れ入りますが、お名前をお伺いしてもよろしいでしょうか。
  죄송합니다, 성함을 여쭤 봐도 될까요?

④ 다른 사람을 부르거나 말을 걸때는 반드시 전화기는 보류로 해
   둔다.

⑤ 상대방을 길게 기다리게 하지 않는다. 담당자에게 연결할 때에도
   담당자가 전화를 받을 때까지 상황을 지켜본다.

⑥ 담당자가 전화를 받지 않을 때는 다음과 같은 표현으로 응대한다.
· 담당자가 전화를 걸도록 한다.

恐れ入ります。少し時間がかかりそうなのですが、折り返しの電話を差し上げるようにいたしましょうか。
죄송합니다. 시간이 조금 걸리는듯하니 전화를 드리라고 전할까요?

大変お待たせして申し訳ございません。朴栄浩は今、取り込んでいるようです。別の者でよろしければ代わりにご用件を伺いいたしますが、いかがでしょうか。
기다리게 해서 대단히 죄송합니다. 박영호는 지금 다른 전화를 받고 있습니다. 다른 사람으로 괜찮으시다면 다른 담당자가 용건을 여쭤보겠습니다. 어떠신지요?

· 담당자가 퇴근했을 때
あいにく本日は失礼させていただきました。
공교롭게도 오늘은 퇴근했습니다.

⑦ 전화는 부드럽게 끊는다.
전화는 건 쪽에서 끊는 것이 기본이다. 전화를 끊을 때는 수화기 놓는 소리가 들리지 않도록 후크 버튼을 누르고 상대가 끊은 것을 확인하고 수화기를 놓는다. 아래의 표현으로 마무리 인사를 한다.
「かしこまりました。失礼いたします」「それでは失礼いたします」

* 비즈니스 매너 "몸가짐"편

사람은 내용물로 승부한다고 합니다. 이것은 외모와 내용 중 하나에 비중을 두는 경우의 얘기입니다. 내용도 좋고 외모도 갖추고 있는 편이 좋은 것은 당연하겠지요.

매너는 상대나 주위 사람들에 대한 배려의 마음을 나타내는 것입니다. 몸가짐도 상대방을 불쾌하게 하지 않는 것이 기본입니다.

1. 옷 매너

비즈니스 장소에서 성실함과 진지함을 강조하고 주위 사람들에게 안정감을 주는 것이 중요합니다.

남성 정장은 감색이나 회색으로 체형에 맞는 사이즈를 착용하고 진지한 인상을 주도록 합시다.

여성은 재킷, 스커트, 바지 설정에서 반드시 감색이나 회색 등 어두운 것을 준비해 둡시다.

정장 벗으면 반드시 옷걸이에 걸어 매일 솔질하고 일정한 시기마다 클리닝 합니다. 신발도 매일 청소를 빠뜨리지 않도록 합시다.

2. 셔츠는 청결 감이 제일

셔츠는 흰색 또는 연한 색에서 레귤러 칼라가 기본입니다. 실제로 깨끗한 것은 물론, 외형 청결 상태도 중요합니다.

셔츠의 원단은 면이 적합하며, 여름은 마 계열 린넨도 청량감이 있습니다.

피부에는 천연 소재가 좋지만 출장 시 등은 화학섬유도 편리합니다. 저렴하고 집에서 세탁 할 수 있으니 평소 화학섬유 셔츠를 좋아하는 사람도 많지만, 형태가 뭉게진다면 새 것으로 바꿔보세요.

3. 넥타이는 바로 매자

넥타이는 제대로 매서 자신의 마음을 정돈하고 상대에 대한 존중을 나타내는 것이기도 합니다.

더러운 것이나 풀려있는 것은 부정적인 이미지를 줍니다.

옷의 기본은 칼라로 결정된다고 합니다. 색에 청결감이 있으면 몸 전체에 청결감이 감돕니다. 깨끗한 넥타이와 예쁜 매듭이 좋은 인상을 줄 것입니다.

색상과 무늬 먼저 양복과 셔츠의 균형을 잡은 후 악센트로 너무 화려 않는 것을 선택합시다. 넥타이는 센스 발휘의 기회입니다.

4. 인사 상식

인사는 "인사" "경례" "最敬礼" "사죄"로 구분합니다.

정면에 서서 상대의 눈을 보면서 턱을 당겨 똑바로 인사의 말과 함께 상체를 구부려갑니다. 상체를 굽히는 각도는

- 인사는 15 도
- 경례는 45도
- 最敬礼는 70 번
- 사죄는 90도

이 기본입니다. 손은 옆에 붙이는 것이 아니라 자연스럽게 내리도록 합니다.

5. 올바른 자세

수시로 허리를 펴는 습관을 들입시다.

마음의 혼잡함은 자세에서 나타납니다. 진지한 마음으로 무엇인가에 종사 할 때에는 긴장감이 반영되어 등골이 늘어난 상태가 될 것입니다.

바른 자세를 취하는 것은 자신이 진지하다는 것을 상대에게 전달하는 메시지입니다.

6. 인사의 기본

아침 인사는 상대의 눈을 보면서 "좋은 아침" "안녕하세요"라고 밝게 말하여 가벼운 인사를 합니다.

사내 인사는 「おはようございます」가 오전 10 시경까지, 그 이후는 「お疲れ様です」 또는 인사가 기본입니다.

심야까지 교대 근무가 직장 등에서는 그날 첫인사는 언제라도 「おはようございます」라고 할 수 있습니다.

중요한 것은 주위의 팀원마다 「おはようございます」와 「お先に」라고 인사하는 것입니다. 인사를 나눈 사람끼리는 동료 의식이 있기 때문입니다.

7. 업무 보고

상사에게 보고할 때는 결론부터 전합시다.

구두로 전달 이외에도 문장으로 제출하는 경우, 전화나 메일로 보고하는 경우도 있습니다.

문장으로 보고하는 경우 가능한 한 요점을 A4 용지 한 장에 정리해 바쁜 상사도 알기 쉽도록 내용에 유의합시다.

메모나 편지로 전하는 경우는 보고가 방치 된 상태가 되지 않도록 주의해야 합니다. 중요한 것은 메모나 메일로 상사의 시간이 비어 있으면 얘기해 줄 수 있도록 전달하고 직접 구두로 보고하도록 합시다.

8. 감사의 기본

동료나 선배에 일을 도와주면 반드시 감사의 마음을 정중하게 전달합시다.

상대가 선배나 상사라면 먼저 「お手間をおかけしました」로 시작해서 「お手伝いいただきありがとうございました」라고 경어를 사용하여 정중하게 감사의 마음을 전합니다.

상대방이 거래처 등 외부인의 경우에는 「ご尽力いただき」「お力添えいただき」라고 존댓말을 사용하여 깊은 감사의 마음을 전합니다.

9. 사죄의 기본

실수했을 때의 사과는 먼저 반성하고 있음을 전하고 이유는 상대가 물어보면 말합니다.

중요한 것은 신속한 대응으로 정성을 전하는 것입니다. 시간이 흘러 버리면 아무리 깊은 사과를 해도 마음이 전해지기 어렵습니다.

고객에게 폐를 끼쳐 버린 경우에는 즉시 전화를 걸어 사과한 다음 상대의 사정을 듣고 직접 사과하러 갑니다.

과자 등을 지참하는 경우는 너무 비싼 것 말고 3~5 천 엔 정도의 것으로 합니다. 쪽지 등에는 「粗品」말고도 깊은 사과의 뜻을 나타내는 「お詫び」 「陳謝」 「深謝」 라고 적는 경우도 있습니다.

10. 데스크 사용

일상 업무의 시작은 자신의 책상을 청소하는 것부터 시작합시다.

비즈니스에서 책상은 업무에 임하는 자세를 상징적으로 나타내는 곳입니다. 자신에 대한, 주위 사람들에게 불쾌감을 주지 않도록 배려하는 것도 중요한 비즈니스 매너입니다.

의자의 등받이에 옷을 거는 것은 주름이 생길 뿐만 아니라 통행에 방해가 되기 때문에 사물함에 넣도록 합시다. 비즈니스 가방도 책상 아래에 두면 통행에 방해가 될 수 있습니다.

타인의 책상은 아무리 더러워도 허가 없이 만져서는 안 됩니다.

11. 전화 매너

전화를 받을 때 회사를 대표하고 있다는 의식을 가지고 대응합시다.

전화벨이 울리면 3번 이내에 수화기를 잡고 정중 한 인사를 하고 중요한 것은 반드시 메모를 취하는 것이 기본입니다.

전화를 늦게 받은 경우 먼저 「大変おまたせいたしました」라고 사과를 잊지 않도록 합니다.

전달할 경우는 보류 버튼을 누르기 전에 「少々お待ちください」을 잊지 않고. 전할 자가 없을 경우에는 돌아올 예정 시간을 전달하고 「戻り次第、連絡を差し上げるようにいたしましょうか?」라고 묻습니다.

12. 메일 매너

E 메일은 장점과 단점을 이해하고 잘 분별하는 것이 요령입니다.

간편하게 주고받고 기록으로도 남길 수 있는 반면, 전송 오류로 인한 정보 유출이나 바이러스 메일 수신에 의한 시스템 장애 등 위험이 있습니다.

제목은 짧고 정확하게 본문은 20 자 정도로 배치, 2~3 행마다 행을 비우면 읽기 편합니다.

비즈니스 메일은 사내·사외를 불문하고 모두 존댓말이 기본. 회사명, 부서명, 주소, 전화 번호 등이 적힌 서명을 첨부하는 것은 비즈니스의 상식입니다.

13 차량의 석차

자동차나 기차로 이동하는 경우에는 석차가 있습니다.

● 택시
상석은 운전석 뒤에, 하
석은 조수석입니다.

● 자가용
골프 등으로 자가용 이동
할 때는 조수석이 상석 뒷
좌석 중앙이 말석이 됩니다.

● 기차
기본적으로 창가가 상석이지만, 통로 쪽 좌석을 선호하는 상사가 있
는 경우도 있으므로 임기응변으로 대응합시다.

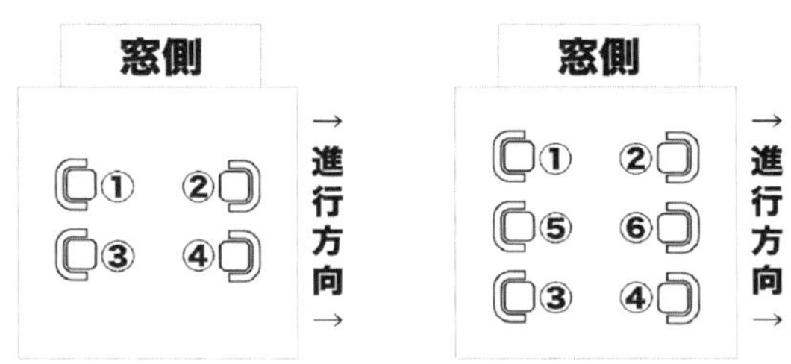

14. 엘리베이터 매너

엘리베이터에도 상석과 말석이 있기 때문에, 고객은 상석에 안내합시다. 버튼의 위치에 관계없이 입구에서 볼 때 왼쪽 안쪽이 상석, 그 오른쪽이 차석이 됩니다.

탈 때는 밖에서 버튼을 누르고 고객을 먼저 태우고 위치를 안내, 내릴 때는 "열림"버튼을 누른 상태에서 내린 후 방향을 안내합니다.

* 비즈니스 매너 "손님 · 방문"편

거래처 방문과 손님에 대한 대응은 회사의 품위를 선보일 기회입니다. 자신이 회사를 대표하는 존재임을 잊어서는 안 됩니다.

상대방을 기다리게 하는 것은 물론, 동행하는 멤버도 기다리게 않는 것이 기본입니다. 어쩔 수 없이 동행자에게 기다려 달라고 할 때 자신이 갈 수 있는 시간보다 약간 긴 시간을 전달하고 그 시간을 넘기면 먼저 가라고 합니다.

15. 초면의 매너

초면의 상대에 전화를 하기 전에 상대 기업의 정보 수집을 해 둡니다.

전화로 약속을 할 때 인사 후, 자신의 회사와 자신을 간략하게 설명합니다. 그리고 전화를 한 목적을 명확하게 알려줍니다.

전화 약속에서 거절당한 경우에도 반드시 「お忙しいところ、ありがとうございました」라고 감사의 말을 잊지 않도록 합시다.

메일로 약속을 취하는 경우 제목에 회사명과 요건을 명시합니다. 본문에는 왜 상대의 주소를 알았는지 경위를 말하고 본론으로 들어갑니다.

16. 방문지에서의 매너

방문에서는 복장이나 머리모양 정돈하고 접수처에 가서 용건이 끝나면 신속하게 떠납니다.

접수는 약속 시간 5 분 전에 도착하도록. 접수처에서는 그 기업의 스타일에 따라 요건을 명확하게 전달하고 처리되는 동안 지시 된 장소에서 대기합니다.

접수처를 이용하지 않을 경우 출입문을 노크하여 회신을 받은 후 문을 엽니다. 응대 해주는 사람 또는 입학 가장 가까이 있는 사람에게 용건을 전합시다.

면담이 끝나면 감사를 말하고 다음 면담 일정을 결정 버립시다. 엘리베이터에서의 대화는 삼가는 것이 에티켓입니다.

17. 간단한 선물의 전달 방법

초면의 고객에게 방문 할 때나 출장 먼 기업에 나갈 때 간단한 선물을 가져갑시다.

접수를 마치고 방에 통해 인사를 한 직후가 좋은 타이밍입니다. 여러 방문한 경우에는 전원의 명함 교환이 끝나고 상대가 두 명 이상인 경우에는 말석 사람에게 전달합시다.

외부 부대 밖으로 포장지 상태로 상대에게 정면을 향해 양손으로 전달합니다. 상사가 동행하는 경우는 회사를 대표하는 입장에서 상사로부터 전달받습니다.

18. 손님을 맞이하는 매너

단체 손님을 맞이할 때에는 목적에 맞는 준비를 갖추어 정중하고 친절한 대응에 유의합니다.

접수 및 총무 등의 담당자에게 손님의 수를 전달해 회의실, 응접실을 사용할 수 있도록 합니다. 내용에 따라 화이트보드와 프로젝터 등 필요한 장비를 준비하고 반드시 일정에 착오가 없도록 세심한 주의를 기울여 협의가 원활히 진행될 수 있도록 배려합니다.

상사가 동석할 경우 늦어도 전날까지 요청을 전합시다. 자신의 담당이 아니라도 사내에서 손님과 얼굴을 마주보면 인사하고 안내 할 필요가 있는지 물어 봅시다.

19. 손님의 석차

회의실이나 응접실에 손님 측이 상석에 앉는 것이 기본입니다.

● 회의실

U 자형 테이블에서 의장석이 상석이기 때문에, 손님은 ② 또는 ③을 안내합니다.

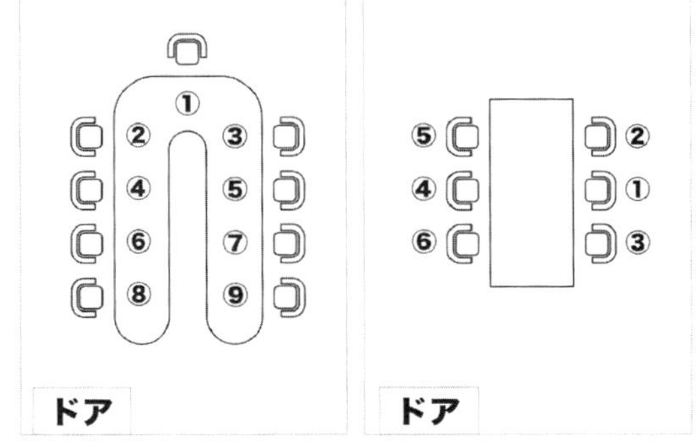

대면 테이블에서는 입구에서 먼 쪽이 손님용, 그 중앙이 상석입니다.

20. 반드시 겉옷을 착용

갑작스런 손님이라도 반드시 겉옷을 착용하고 응대합시다. 셔츠는 원래 속옷의 부류에 속하므로 셔츠 차림으로 응대하는 것은 실례에 해당됩니다.

최근에는 쿨 비즈의 영향도 있어, 비즈니스 현장에서 캐주얼화의 경향이 있습니다. 하지만 손님에게 제대로 옷을 입고 정중하게 맞이하는 것이 예의입니다.

무례한 사업가는 좋은 인간관계를 만들 수 없습니다.

21. 회의 · 회의의 매너

협의는 사전에 토의 내용과 자신의 의견을 정리해 둡니다. 주최하는 입장이라면, 협의 내용을 A4 용지 1 장에 접어 서두에서 참가자에게 배포합니다.

상대가 소중한 시간을 내 주고 있다는 의식을 가집시다. 상대방과 공유하는 시간에 집중하고 있다는 자세를 바꿔서는 안 됩니다.

협의 중 전화는 무시하는 것이 기본입니다. 자신의 사정을 드러내며 시계를 보는 것은 실례입니다. 협의나 회의는 끝 시간을 정해두고 그 동안 다른 것은 일절 생각하지 않고 집중하여 시간 내 끝내도록 노력합시다.

말장난이나 저속한 화제는 삼가야 하지만, 때로는 유머도 필요합니다.

22. 손님의 배웅 방법

손님은 배웅 장소까지 유도하고 인사를 한 채 배웅하는 것이 기본입니다.

회의가 끝나도 상대방이 돌아갈 준비를 마치고 일어서까지 조용히 기다리는 것이 매너. 결코 재촉 같은 행동을 해서는 안 됩니다.

배웅 장소는 사무실 환경이나 상대방의 입장에 따라 달라집니다. 이후 교제를 예상 할 수 없는 경우 응접실과 회의실 입구에서 내사의 감사를 말할 때 "「こちらで失礼します」라는 경우도 있을 것입니다.

기본적으로 사옥의 경우 현관까지, 세입 빌딩 등의 경우 엘리베이터 홀까지 안내하고 손님의 모습이 보이지 않을 때까지 고개 숙이며 보내는 것이 매너입니다.

* 비즈니스 매너 '교제'편

직장에서 인간 교제의 기본은 모두를 평등하게 대하는 것입니다. 누구나 버거운 타입이나 싫은 타입은 있기 때문에, 회사 직원과 좋은 관계를 구축하는 것은 어려운 일입니다. 사무적인 관계이므로 당연합니다. 그러나 상대를 걱정 불쾌감을 주지 않는 매너는 있어야 합니다.

23. 일식의 매너

일본의 매너는 올바른 젓가락질이 기본입니다.

젓가락을 들고 내리는 것은 반드시 두 손으로 하고, 「忌み箸」에 주의합니다. 대표적인 금기 젓가락에는 다음과 같은 것이 있습니다.

- 헤매는 젓가락
  어느 것을 취하려 할지 고민하며 젓가락 끝을 움직임
- 찌르는 젓가락
  젓가락 끝으로 요리를 찌름
- 흘리는 젓가락
  젓가락 끝에서 국물 등을 흘림
- 접수 젓가락
  젓가락으로 그릇을 움직임
- 걸치는 젓가락
  젓가락을 그릇위에 걸쳐 놓음
- 넣는 젓가락
  젓가락에 붙은 밥알 등을 입에 넣음

- 미는 젓가락
  입안의 음식을 젓가락으로 밀어 넣음
  일본식 실내에서는 床の間의 위치가 상석을 나타냅니다.

24. 양식의 매너

서양의 매너는 자리에 앉은 시점에서 시작됩니다. 상식적인 것 몇 가지를 소개합니다.

* 냅킨은 좌석에 도착하면 상사를 따라 집는다
  반으로 접고 주름이 앞으로 오도록 무릎 위에 펼친다

* 식사 중 나이프의 칼날은 안쪽으로 향하고 포크는 엎어서 ㅅ자 로 둔다
  식사가 끝나면 칼의 안쪽에 포크를 덮지 않고 나란히 놓는다

* 음료를 받을 땐 유리잔을 잡지 않는다

* 포크와 나이프를 떨어뜨린 경우 직접 줍지 않고 웨이터를 부른다

* 웨이터를 부를 때는 목소리를 내지 않고 조용히 손을 든다

* 손잡이가 달린 수프 컵 이외는 식기를 들지 않는다

* 건배는 잔을 부딪치지 않고 들어올리기만 한다

25. 중식의 매너

매너를 크게 따지지 않은 것이 중식의 특징이지만, 큰 접시 요리는 상사부터 취하는 것이 기본입니다.
회전 테이블은 오른쪽 방향으로 돌려 요리를 취할 때 일어서지 않는 것도 매너입니다.
회전 원형 테이블의 석차는 입구에서 먼 곳이 상석입니다.

26. 접대 매너

단체 접대 중요한 것은 가게의 예비 조사와 진행에 충실하는 것입니다.

가게 세팅은 상대의 취향을 리서치하고 개인실의 유무나 교통편 등을 고려합니다.

당일은 가게와 술과 요리의 내용은 물론, 회계 타이밍 및 기념품 협의까지 끝내고나서 가게 앞에서 상대를 맞이합니다.

식사 중에는 접대를 하며 분위기를 좋게 합니다. 상대가 술과 요리에 만족하고 있는지 은근히 체크하는 것도 잊지 않습니다.

2차를 갈 필요가 있는 경우 미리 예약 해 두고, 자신이 참석해야 되는지 여부를 상사와 상담합니다.

접대를 잘하는 사람은 상대가 즐기는 것에 기쁨을 느낄 수 있는 사람입니다. 그렇게 되면 마지막까지 실수 없이 즐길 수 있도록 하는 것이 고통이 아니라 기쁨으로 바뀝니다.

27. 파티 매너

축하 파티 초대장을 받았을 때는 축의금이 필요한지 여부를 먼저 확인하고 상사와 상담합니다.

축하 파티는 미리 전하는 것이 예의입니다. 상대방의 담당자에게 연락하여 초대 감사와 축하 파티를 개최하고 싶다는 뜻을 전합시다.

당일은 먹는 것보다 대화를 우선하여 축사와 감사를 잊지 않고 참가자와의 교류를 도모합시다.

축의금은 호텔의 입식 파티라면 1 인당 1 만엔이 시세입니다.

상사가 동행하는 경우는 숫자가 홀수가 되도록 합니다.

28. 사내 술자리 매너

사내 술자리 이른바 '회식'은 일의 연장이라고 생각 상하 관계를 분별합시다. 無礼講이라고 해서 평소의 울분을 풀거나 하면 안 됩니다.

맥주는 병의 입구를 컵에 대지 말 것. 술은 술병을 돌리면서 앞으로 당겨 물방울이 떨어지지 않도록 합니다.

술을 마시는 것은 회식 시작 직후가 아닌 요리가 어느 정도 들어가고 나서 합니다. 술의 보충은 절대로 해서는 안 됩니다.

29. 결혼 축하

동료의 결혼이 결정되면 늦어도 식의 1 주일 전까지는 현금 또는 물품을 선물합니다.

현금을 넣는 경우 「輪結び」또는 「あわじ結び」의 水引가 있는 축의금 봉투에 넣습니다. 「蝶結び」는 안 됩니다.

물건을 주는 경우에는 「切る」를 연상시키는 도검류 및 "4"와 "9"가 붙는 것은 안 됩니다.

피로연에 참석하는 경우, 상대가 부하라면 3 만 엔, 동료라면 2 만 엔이 일반적입니다. 출석은 하지 않아도 축의금을 주고 싶은 경우는 1 만 엔으로 합니다.

30. 장례의 매너

　장례식에서는 진정성 있는 말을 전하는 것이 매너입니다.

　빈소는 검은 양복도 문제없습니다. 밤샘 후 식사는 받는 것이 예의이기 때문에 조금이라도 먹고 술을 받읍시다. 길어도 1시간 안에는 자리를 뜹니다.

　일 관계의 부의금은 직장 관계, 고객 관계도 5천 엔이 시세입니다. 무지에 흑백의 水引로「御靈前」의 글자가있는 부의금은 종교・종파를 불문하고 사용 가능하기 때문에 고인의 종교를 모를 경우에는 이용합시다.

후기

　비즈니스 매너에 중요한 것은 동정심과 배려를 배울 수 있다는 것이라 생각합니다. 상대의 입장에서 생각할 수 있는 사람은 비즈니스 매너를 체득 할 뿐만 아니라 모든 인간관계를 원활히 해나갈 수 있는 사람입니다.

　비즈니스 현장에서 다른 사람과 동등하게 대하는 것이 기본이 있지만 상사든 동료든 특별히 친해지고 싶은 상대가 있다면 자신 속에서 약간의 차별화를 하는 것도 매너 위반은 아닙니다.

　비즈니스 매너에서 약간의 신축성을 가지는 것이 일도 삶도 윤택하게 되는 길입니다.

【참고 자료】

『仕事で恥をかかないビジネスマナー』(日経文庫・2016年)
『いますぐ身につけられるビジネスマナー』(PHP研究所・2012年)

비즈니스 시사용어

　일본의 기업 취업에는 면접이나 그룹토론에서 시사용어에 관한 질문이나 내용이 자주 나온다. 일본에서 취업하는 데 있어 알아두어야 할 시사용어를 익혀두자. 시사용어는 정치, 경제, 산업, 사회, 문화 분야에 걸쳐 다양하며 평소 일본신문이나 인터넷을 통해 익히도록 한다.

1. 政治・経済

外形標準課税 외형표준과세

　건물 평수, 자본금, 종업원 등과 같이 외관상으로 쉽게 알 수 있는 것은 표준으로 세금을 부과하는 특수한 과세방식. 기업의 이익과는 무관하게 과세되므로 적자기업도 과세대상이 된다. 일본에서는 2003년 3월에 개정지방세법이 성립되어 자본금 1억엔을 초과하는 기업을 대상으로 2004년부터 법인사업세에 적용되고 있다.

　法人事業税の標準税率が改正され、外形標準課税の割合を現行の8分の3から8分の5に拡大した。

　법인사업세의 표준세율이 개정되어 외형표준과세 비율이 현행 8분의 3에서 8분의 5로 확대되었다.

確定申告 확정신고

　소득세을 납부하기 위한 철자. 연간 수입 2000만엔을 넘는 회사원이나 자영업자는 매년 1월 1일부터 12월 31일까지의 소득 금액과 세금을 계산하여 다음해 2월 16일부터 3월 15일까지 확정신고가 의무화되어었다. 연수입 2000만원 이하의 회사원은 소득세가 급여에서 빠지므로 확정신고를 의무적으로 하지 않아도 된다.

初めて確定申告される方へ、確定申告の手続などをご案内します。

확정 신고를 처음 하시는 분께 확정 신고 절차를 안내해 드립니다.

寡占 과점

　경쟁하는 회사가 적어 소수의 기업이 산업을 지배하는 시장경제. 완전 경쟁과 독점의 중간적 형태라 할 수 있다. 과점 기업은 시장 가격을 지배하므로 서로 다른 회사의 반응을 고려해 행동하는 특징이 있다. 일본에서는 맥주회사. 교과서 출판사가 대표적인 예이다.

韓国SKハイニックスと東芝メモリが組むことで、メモリ市場の寡占化が進む。

한국 SK하이닉스와 도시바 메모리가 결탁하면 메모리 시장의 과점화가 심해진다.

株式持ち合い制度 주식상호제도

거래, 협력관계의 기업이 서로 상대의 주식을 보유하는 것을 말한다. 주주를 안정화 시키고 기업 간의 거래 관계를 강화나 그룹화를 목적으로 이루어졌다. 그러나 최근에는 자산의 효율적인 면에서 금융기간을 중심으로 주식 상호가 해소되고 있다.

株式の持ち合いは株式会社制度の否定につながりかねません。

주식 상호보유는 주식회사 제도를 부정하는 것으로 이어질 수 있습니다.

カルテル 카르텔

동종 제품을 생산하는 기업들이 가격과 생산량을 서로 조정하여 경쟁을 억제하는 결탁행위를 말한다. 카르텔은 가격을 부당하게 올리고 경제전체를 침체시키는 폐해를 일으키므로 대부분의 나라에서 엄격하게 규제하고 있다. 일본에서도 독점금지법으로 금지하고 있다.

たまたま他社の動向を踏まえて商品価格を改定したからといって、必ずカルテルに該当するわけではありません。

우연히 다른 회사의 동향을 파악하고 상품가격을 개정했다고 해서 반드시 카르텔에 해당하는 것은 아닙니다.

基軸通貨 기축통화

글로벌 외국환율 시장에서 국제간의 결재나 거래의 중심이 되는 통화를 말한다. 기축통화가 되기 위해서는 경제규모가 크고 금융, 자본시장이 자유롭고 활발해야 하며 통화에 대한 신뢰가 있어야한다. 현재는 달러화, 유로화, 중국의 위안화가 기축통화이다.

ビットコインは仮想通貨の世界では基軸通貨である。
비트코인은 가상통화 세계에서 기축통화이다.

コーポレート・ガバナンス 기업통치

기업을 소유·경영·관리의 개념이 아니라 통치의 개념으로 보았을 때 일본은 통치의 실권이 경영자에게 있다고 보는 반면 미국은 주주에게 있다고 본다.

わが社は実効性のあるコーポレート・ガバナンス体制の構築・強化に努めています。
우리 회사는 실효성 있는 기업통치체제의 구축과 강화에 힘쓰고 있습니다.

コンプライアンス 컴플라이언스

비즈니스 경영에서 기업이 법률과 기업윤리를 준수하는 것을 의미한다. 주로 경영자, 증권업계, 매스컴 등에서 자주 사용된다. 최근 일본에서 식품의 표시위장, 부정회계, 부정입찰, 문제은폐, 도청 사건 등 기업윤리가 문제시되는 사건이 발생하였다. 이러한 사건의 등장으로 기업이 법률 및 기업윤리 준수가 중요하게 되었다.

コンプライアンスは経営戦略の重要な要素になつた。

컴플라이언스는 경영전략의 중요한 요소가 되었다.

キャッシュフロー 현금흐름

자금의 유출입. 기업의 영업활동을 통해 발생하는 현금의 흐름, 혹은 그 결과로 발생한 현금의 증감을 뜻한다. 현금 유입이 크면 클수록 외부자본에 의존할 필요가 없기 때문에 재무의 건전성을 나타내는 지표의 하나로 이용된다. 단위연도로 경영상태를 평가하는 이익에 비해 중장기의 경영상태 평가나 의사결정을 위한 지표로 사용된다.

キャッシュフローが大きいほど、企業経営は健全で安定ている。

현금 흐름이 클수록 기업 경영은 건전하고 안정되어 있다.

給与所得控除 급여소득공제

소득세는 급여액을 기준으로 과세되는 것이 아니라 금여 금액에서 각종 공제를 제한 금액을 기준으로 과세된다. 이 각종 공제 중 금여 소득을 얻기 위해 필요한 경비를 급여소득공제라고 한다. 다른 공제로는 건강보험공제, 연금 공제가 있다.

給与所得控除は、会社員が年収から差し引くことの出来る控除であるのに対し、所得 控除はすべての申告者が活用できる控除です。

급여소득공제는 회사원이 연수입에서 뺄 수 있는 공제인데 반해 소득공제는 모든 신고자가 활용할 수 있는 공제입니다.

クーリングオフ制度 쿨링오프제도

訪問販売などで商品を購入しても、一定期間内であれば無条件で契約の取り消しができるという制度。この制度を利用すれば、支払ったお金は全額返金してもらえる。例えば、語学教育やエステの契約であれば、契約から8日間以内であれば理由を問わず無条件で解約できる。生命保険の契約や先物取引なども対象となっている。

상품 구입 후 일정기간 이내에 무조건으로 계약을 파기 할 수 있는 제도. 이 제도를 이용하면 지불한 금액을 전액 되돌려 받을 수 있다. 예를 들면 어학교육이나 미용 계약의 경우 계약부터 8일 이내에 이유를 불문하고 무조건 해약이 가능하다. 생명보험 계약이나 선물 거래도 대상이 된다.

平成25年2月21日より、訪問購入についてもクーリング・オフが導入されました。

2003년 2월 21일부터 방문판매 구입도 쿨링오프가 도입되었습니다.

G7

Group of 7의 약칭. 미국, 일본, 독일, 영국, 프랑스, 이탈리아, 캐나다 등 선진 7개국 재무장관과 중앙은행 총재가 모여 세계 경제와 금융, 환율 변동에 대해 협의하는 회의. 통상적으로 각국 경제 상황이나 경제 정책 등을 보고하거나 질의응답이 이루어진다. 또 세계 경제가 직면한 문제에 대해서도 논의한다. G7으로 발표된 공동성명은 세계 경제에 큰 영향을 미치는 경우도 있다.

2016年5月、三重県の伊勢志摩でG7伊勢志摩サミットが開催されました。

2016년 5월 미에현 이세시마에서 G7 이세시마 정상회의가 개최되었다.

IMF (International Monetary Fund)

국제통화기금. UN 전문기관 중의 하나이다. 가맹국의 출자하여 공동 환율기금을 만들고 이를 각국에서 이용하여 환율 자금의 흐름을 원활하게 할 목적으로 1944년에 설립되었다. 미국 워싱턴에 본부를 두고 있으며 가맹국은 184개국. '국제부흥개발은행(세계은행)'이 장기 금융기간인데 비해 IMF는 단기 금융 기관이다.

ＩＭＦは日本や中国、欧州新興国、ロシアの成長率見通しを引き上げた。

국제통화기구는 일본과 중국, 서구신흥국, 러시아의 성장률을 높게 전망했다.

M&A (Merger and Acquisition)

기업 합병, 매수를 의미한다. 기업전체의 합병과 매수뿐만 아니라 영업양도나 주식양도, 자본 제휴 등을 포함한 넓은 의미의 기업제휴를 의미한다. 즉 자사에 부족한 경영 자원을 보충하기 위해 혹은 사업 재구축을 위해 경영권이나 사업자산을 양도하거나 양도받는 것을 의미한다.

大手企業は外部の専門家よりM&Aの経験に乏しい社内マネジャーに委ねてしまう。

대기업은 외부의 전문가보다 M&A 경험이 적은 사내 담당자에게 맡겨버린다.

OECD (Organization for Economic Cooperation and Development)

경제협력개발기구. 본부는 프랑스 파리에 있다. OECD는 선진국간의 자유로운 의견교환, 정보교환을 통해 경제성장, 무역자유화, 개발도상국의 지원을 목적으로 한다.

経済協力開発機構(ＯＥＣＤ)は最新の経済見通しで、2018年の世界経済成長率予想を 3.7％に上方修正した。

경제협력기구(OECD)는 최근 경제전망에서 2018년도 세계경제성장율 예상을 3.7%로 상향조정했다.

WTO (World Trade Organization)

세계무역기관. 국제무역의 규칙을 조정하는 국제기관. WTO는 관세와 무역에 관한 일반협정을 발전적으로 해소하기 위해 1995년에 발족했다. 스위스 제네바에 본부를 두고 UN의 정식 전문기관이 되었다. 특히 무역에 관한 분쟁 처리를 강화하고 새로운 무역질서의 구축을 목표로 한다.

中国はＷＴＯに加盟して１５年余りが経過し、市場開放は徐々に進んでいる。

중국은 ＷＴＯ에 가맹한지 15여년이 경과하여 시장개방은 서서히 진행되고 있다.

市場介入 시장개입

외환시장의 안정을 위해 정부와 일본은행이 외국외환시장에 개입하는 것을 말한다. 환율은 시장의 수급관계로 결정되지만 급격한 엔고와 엔저는 기업에 심각한 영향을 주므로 정부나 일본은행은 금융시장에 나온 외국통화를 매매한다. 수요와 공급을 의도적으로 조절하여 급격한 엔고와 엔저를 방지하려고 한다.

2011年に3回行われた日銀のドル買い市場介入が記憶に新しいですが、これまでも何度か日銀は介入を行っています。

2011년에 3번 일어난 일본은행의 달러매입이 기억에 새로운데 지금까지도 몇 번이나 일본은행은 개입을 하고 있다.

自由貿易協定(FTA)자유무역협정

특정국이나 지역간에 관세를 폐지하고 자유로운 무역시장을 만드는 협정. 자유무역협정이 맺어지면 수출입의 제한이 없어지고 기업투자나 서비스 거래도 자유로워지는 이득이 있다. 자유무역협정의 예로 유럽연합(EU), 북미자유무역협정(NAFTA)가 유명하다.

米国は日米FTAより、北米自由貿易協定(NAFTA)や米韓FTAの再交渉を優先させるとの見方もある。

미국은 미일FTA보다 북미자유무역협정(NAFTA)나 한미FTA의 재교섭을 우선시 한다는 견해도 있다.

ストックオプション 스톡옵션

일정수의 자회사 주식을 미리 정해진 가격(행사가격)으로 살 수 있는 권리. 자사주구입권이라고도 한다. 주가가 올랐을 때 행사가격으로 자사주를 구입하고 그 주식을 매각하여 주식양도이익을 얻을 수 있다. 종업원이나 경영자도 주주와 마찬가지로 주식의 가격 상승 이익을 얻게 하는 제도로 미국에서는 많이 채용된다. 주가가 오를수록 이익이 생기므로 종업원의 근로 의욕을 높이는 효과가 있다.

当会計事務所では、ストックオプション導入に関するコンサルティングサービスを提供させて頂いております。

저희 회계사무소에서는 스톡옵션 도입에 관한 컨설팅 서비스를 제공하고 있습니다.

セーフガード 긴급수입제한

특정품목의 긴급수입을 제한하는 조치. 특정품목의 수입이 급증했을 때 국내의 경쟁기업이 큰 타격을 받을 수 있다. 세이프가드는 국내기업을 보호하기위한 장치로 발동된다. 세계무역기구(WTO)는 원칙적으로 무역상의 제한을 금지하지만 세이프가드는 예외로 인정하고 있다.

政府は冷凍牛肉の輸入量が超過したことを受けて、セーフガードを発動すると発表した。

정부는 냉동쇠고기 수입량이 초과하여 긴급수입제한을 발동한다고 발표했다.

デフレスパイラル 디플레적 악순환

경기 불황과 물가 하락이 동시에 진행 되는 상태. 또는 통화위축으로 물가나 임금이 연쇄적으로 저하하는 것을 말한다. 디플레적 악순환의 특징으로 경기가 대대적인 공급과잉 상태가 되며, 물가가 지속적으로 하락하며 기업이익이 악화되고 소득과 고용이 감소하는 것이다. 또한 물가하락과 수요의 감소가 악순환 되는 것을 의미한다.

本レポートは、デフレスパイラルの危惧が一段と強まっている2009年以降に焦点を当てて検討したものである。

본 리포터는 디플레적 악순환의 염려가 한층 심해지고 있는 2009년 이후에 초점을 맞추어 검토한 것이다.

電子商取引 전자상거래

인터넷 등 정보통신기술을 사용하여 계약과 결재를 하는 상거래. 기업간의 거래는 물론 웹상의 점포에서 상품을 판매하는 온라인숍이나 개인간의 매매가 이루어지는 옥션도 증가하고 있다.

政府は来年度中にも海外発の電子商取引に消費税を課す方針だ。

정부는 내년도 중에도 해외발 전자상거래에도 소비세를 부과할 방침이다.

電子マネー 전자화폐

현금을 대신하는 전자 가치 정보로 지불 수단으로서 이용될 수 있는 것을 말한다. 전자화폐로서 일반적으로 이용되는 것은 IC카드라 부르는 신용카드에 심은 시스템이다. 또 통신 네트워크에서 결제에만 이용되는 전자화폐도 있다.

電子マネーの決済件数が拡大している。

전자화폐의 결제건수가 확대되고 있다.

TPP(環太平洋戦略的経済連携協定) 환태평양 전략적 경제연계협정

환태평양지역의 국가들이 경제 자유화를 목적으로 결성된 다각적인 경제무역협정. 미국과 일본이 주도하고 캐나다, 멕시코, 페루, 칠레, 싱가포르, 브루나이, 베트남, 말레이시아 등 12개국이 참여하는 다자간 자유무역 협정이다. 한국은 처음부터 참여하지 않으며 참여를 고려중이고 미국은 트럼프정부가 출범되면서 탈퇴하였다.

TPPにはメリット・デメリットがあり、賛成派・反対派に分かれて 活発な意見交換が行われてい ます。

TPP는 장단점이 있어 찬성파와 반대파로 나뉘어 활발한 의견교환이 이루어지고 있습니다.

ナスダック 나스닥

미국증권협회가 1971년에 창설한 장외 주식시장. 현재 마이크로소프트, 인텔, 시스코시스템 등 IT기업을 중심으로 5000사가 넘는 성장기업이 상장하고 있다. 시가총액은 6조달러로 도쿄증권거래소(제1부)의 시가총액 440조엔을 넘는 규모이다. 상장에는 일정 조건이 필요하지만 현재는 대폭으로 완화되어 적자기업도 등록은 가능하다. 이 때문에 등록기업수로는 뉴욕의 증권거래소를 뛰어넘어 1위이며 벤처기업으로서는 자금조달과 지명도를 높이는 절호의 기회가 되고 있다.

ナスダックの本社ビルには外壁一面に巨大スクリーンを備えられて いる 。

나스닥 본사 건물에는 외벽 한 면에 거대 스크린이 설비되어있다.

マザーズ(Mothers、Market of the high-growth and emerging stocks)

도쿄증권거래소가 1999년 11월에 개설한 벤처기업을 대상으로 한 증권거래소. 높은 성장이 기대되는 벤처기업이면 적자이어도 상장이 가능한 점이 특징이다.

東証マザーズ指数は、これら226社全体の値動きを表す指数です。

도쿄증권거래소 마더스 지수는 226사 전체의 주가변동을 나타내는 지수입니다.

持ち株会社 지주회사

투자목적이 아니라 주식을 보유하여 자회사의 경영권을 획득하기 위해 실질적인 사업은 하지 않는 회사를 말한다. 지주회사의 장점은 각각의 회사를 사업부로 독립시켜 각 회사의 주식을 갖는 지주회사가 종합적인 경영전략이나 인사배치가 가능하다는 점이다. 또한 신속한 의사 결정과 신규 사업으로 진출하기 용이하다.

持ち株会社はホールディングカンパニーともいわれる。

지주회사는 홀딩스 컴퍼니라고도 불립니다.

ペイオフ (pay off) 예금 보험제도

금융기간이 파산했을 때 예금보험기관이 예금자에게 예금의 일정금액을 지불하는 것을 의미한다.

ペイオフでは、元本1000万円とその利息が保護の対象となります。

예금 보험제도는 원금 1000만엔과 그 이자가 보호대상이 됩니다.

サミット 선진국 수뇌회담

1年に1度開催される主要国首脳会議。日本、アメリカ、イギリス、ドイツ、イタリア、カナダ、ロシアの8ヵ国が参加して行われる。政治問題や地域紛争問題などが議題となる。

1년에 1번 개최되는 주요국가 수뇌회담. 미국, 일본, 영국, 독일, 이탈리아, 캐나다, 러시아 등 8개국이 참가하고 있다. 정치, 지역 분쟁 등의 의제로 회담이 이루어진다. 2014년 이후 러시아는 참가하지 않고 있다.

8都市がサミット開催候補地に立候補していたが、三重県志摩市の賢島が開催地に選定された。

8개 도시가 선진국 수뇌회담 개최 후보지로 입후보했지만 미에현 시마시의 가시코지마가 개최지로 선정되었다.

首相公選制 수상공선제

수상이 국회의원의 투표로 선출되는 제도. 일본이 이 제도를 채택하고 있다.

內閣総理大臣を国民の直接選挙で選ぶ首相公選制の導入論が憲法論議の焦点の ひとつとして注目度を高めている。

내각총리대신을 국민의 직접선거로 선출하는 수상공선제 도입론이 헌법논의의 초점 중 하나로 주목도를 높이고 있다.

ODA(政府開発援助) 정부개발원조

정부 또는 정부의 시설기관의 공적개발원조 또는 정부개발원조를 말한다. 개발도상국의 경제, 사회 발전과 복지 향상을 주목적으로 하는 원조.

日本からのODAで北京の空港がつくられ、中国最初の高速道路もつくられた。

일본의 ODA로 베이징의 공항이 건설되고 중국 최초의 고속도로도 건설되었다.

ネット取引 인터넷 거래

인터넷을 통한 주식 거래. 온라인 거래라고도 한다. 인터넷을 이용한 개인 주식거래는 급증하고 있는데 증권회사는 임대비용이 들지 않고 인건비도 적으므로 주식매매 위탁 수수료를 대폭으로 인하 할 수 있다. 미국의 경우에는 온라인 증권사가 100개를 넘으며 구좌도 1000만 구좌가 넘는다. 일본도 인터넷의 보급과 주식매매위탁 수수료의 완전자율화로 급속히 증가하고 있다. 반면 시스템 결함 문제와 게임 감각으로 주식 투자하려는 문제점도 있다.

ついに不動産も ネット取引ができる時代がきているようです。

드디어 부동산도 인터넷 거래를 할 수 있는 시대가 오는 것 같다.

2. 과학 기술

光ファイバー　광랜, 광케이블

　ガラスやプラスチックの細い繊維でできている、光を通す通信ケーブル。大量のデータを高速で通信できる。

　유리나 플라스틱으로 된 섬유로 빛을 통과시키는 통신 케이블 대량의 데이터를 고속으로 통신할 수 있다.

　高速通信にこだわるのなら、やっぱり光ファイバーが使える物件をお勧めします。

　고속통신을 원하신다면 역시 광케이블을 사용할 수 있는 물을 추천합니다.

イントラネット　인트라넷

　인터넷을 이용하한 조직 내의 정보통신망. 인트라넷을 도입하여 기업 내의 정보와 노하우를 공유하고 업무 향상을 도모할 수 있다. 비교적 저비용으로 최첨단 네트워크를 구축 할 수 있는 이점도 있다.

　来年度からイントラネット環境などの非公開サイト上で利用することが可能となります。

　내년도부터 인트라넷 환경 등 비공개 사이트상에서도 이용 가능합니다.

サイバーテロ 사이버테러

컴퓨터 네트워크를 악용한 파괴 행위. 부정하게 악세스하여 데이터 조작이나 삭제로 기밀 파일을 엿보거나 컴퓨터 바이러스를 유포한다. 사이버 테러를 방지하기 위한 보안 기술이 진보하고는 있지만 보안기술의 안전성을 절대적이지 않다.

情報管理を強化するなら、扉の施錠よりもサイバーテロ対策などに気を使うべきだ。

정보관리를 강화한다면 문의 자물쇠보다 사이버테러 대책에 신경을 써야한다.

ICカード IC카드

クレジットカードに似たプラスチック製のカードにICチップを埋め込んだカードのこと。欧米ではスマートカードと呼ばれる。

데이터의 기억과 연산을 위한 집적회로인 IC를 삽입한 카드. 유럽과 미국에서는 스마트 카드라 불린다.

ICカードや券売機の普及で駅も自動化が進んでいる。

IC카드나 티켓 발매기의 보급으로 역도 자동화가 진행되고 있다.

ユビキタス 유비쿼터스

언제 어디서나 네크워크를 사용할 수 있는 환경을 말한다. 라틴어의 어디든지 존재한다는 의미에서 온 것이며 비슷한 말로 유비쿼터스 컴퓨팅이 있다.

이는 어디든지 컴퓨터가 존재하여 언제든지 이용할 수 있고 나아가 사용자가 없어도 컴퓨터가 자율적으로 동작한다는 내용까지 포함한다.

これからの社会は、ユビキタスネットワークの社会になるといわれている。

앞으로의 사회는 유비쿼터스 네트워크 사회가 된다고 한다.

ナノテクノロジー 나노테크놀로지

10억분의 1미터(나노)의 초정밀도를 다루는 기술. 나노 세계는 물질의 특성과 기능이 변화하거나 지금까지 불가능하다고 여기던 현상이 일어나고 있으며 IT나 바이오테크놀로지 등 다양한 분야와 융합하여 21세기를 짊어질 꿈의 소재나 기술이 탄생할 것으로 기대된다.

希望する物質を分子レベルで設計することなどが可能になることから、環境の分野にナノテクノロジーを積極的に応用する研究が進められています。

원하는 물질을 분자 단위로 설계 하는 것이 가능하여 환경 분야에 나노테크놀로지를 적극적으로 응용하는 연구가 진행되고 있다.

青色LED 청색 LED

청색 빛을 발하는 발광 다이오드. 청색LED가 개발되어 발광 다이오드를 이용하여 무한한 색을 만들 수 있게 되었다.

青色LEDの開発でノーベル物理学賞を受賞した天野浩教授をお招きし、講演会を催します。

청색 LED 개발로 노벨 물리학상을 수상한 아마노 히로시교수를 모시고 강여회를 개최합니다.

3. ビジネス

インサイダー取引 내부자 거래

기업의 임원이나 사원, 대주주 등이 그 기업의 주가에 중대한 영향을 끼치는 정보를 사전에 알면서 공표되기 전에 그 기업의 주식을 매매 하는 것. 이와 같은 행위는 정보를 모르는 일반 투자자가 불이익을 당하므로 법률로 금지되어 있다.

知人のインサイダー取引事件に絡み、知事は国会で厳しく批判されていた。

지인의 내부자거래 사건에 연루되어 지사는 국회에서 엄중하게 비판받았다.

インボイス(Invoice) 송장(送狀)

貿易業務でよく使われる言葉。輸出入取引における明細通知書であり、売買契約の条件を正式に履行したことを記した書類。通常、売主が買主にあてて出す。インボイスには、品名や数量、金額、運賃、手数料、保険料などが記入されている。

무역에서 자주 사용되는 용어. 수출입 거래 명세서. 매매 계약 조건을 정식으로 이행했음을 기록한 기록으로 주로 판매자가 매입자에게 보낸다. 송장에는 품명, 수량, 금액, 운임, 수수료, 보험료 등이 명시되어야 한다.

2016年税制改正において、インボイス制度の導入が決まったと聞きました。

2016년 세제개정에 따라 송장제도 도입이 결정되었다고 들었습니다.

買掛金 외상 매입 대금

　기업 간의 거래에서 상품을 먼저 받은 뒤 대금을 나중에 지불하는 경우가 많다. 이러한 상품의 미지불 대금을 외상 매입 대금이라 하며 통상 1개월 단위로 모아 지불한다.

　買掛金で特に注意したいのが、管理を怠って支払い期日までに相手先に支払いができなかったということが起こらないように細心の注意を払うことです。

　외상 매입 대금에서 특히 주의해야 할 점은 관리를 게을리 하여 지불 기일까지 거래처에 미지급 되는 일이 일어나지 않도록 세심한 주의를 기울여하 한다.

アウトソーシング 아웃소싱

　업무의 일부 확은 전부를 외부에 위탁하는 것. 외주(외부발주)같은 의미로도 사용된다. 총무, 인사, 재무, 경리, 영업, 정보 시스템 등 다양한 업무가 대상이 된다. 특히 최근에는 IT의 비약적인 진보에 따라 IT 아웃소싱이 수요가 확대되고 있다. 아웃소싱의 큰 장점은 저비용으로 외부의 전문기술을 활용할 수 있는 점이다. 또 전문적인 조언을 받음으로써 새로운 발견으로 업무의 활성화를 꾀할 수 있다.

　今回は経営戦略と連動したアウトソーシングについて活用事例を紹介していきます。

　이번에는 경영전략과 연동한 아웃소싱에 대하여 활용사례를 소개하겠습니다.

CEO (Chief Executive Officer)

기업의 최고경영책임자. 경영 서열상 최고 위치에 있으며 기업전체의 경영 방침을 정하는 최고 책임자이다. 이와 함께 COO(Chief Operating Officer)는 최고 집무 책임자이며 기업 운영의 실무를 담당한다.

スティーブ・ジョブズは生前、アップル社のCEOを務めていたことでも有名です。

스티브 잡스는 생전 애플사의 CEO를 역임한 것으로도 유명하다.

SOHO (Small Office / Home Office) 소호

소규모 사무실이나 자택을 거점으로 근무하는 근무형태를 말한다. 인터넷과 같은 정보통신을 적극적으로 활용하여 시간과 장소에 제한 받지 않는 새로운 근무형태로 소호의 수요는 증가하고 있다.

SOHOで多いトラブルは、請け負った仕事が終わらないことと報酬が支払われないことです。

소호에서 일어나는 많은 문제는 도급받은 일이 끝나지 않는 점과, 보수를 못 받는 경우이다.

裁量労働制 재량노동제

실제 노동시간에 관계없이 노사 협정으로 정해진 시간만 근무한 것으로 보는 제도이다. 인정노동 시간제라고도 한다. 예를 들면 연구 개발직은 업무 특성상 고용자의 구체적인 지휘감독에 속하기 어렵고 통상적인 방법으로는 노동시간을 산정하기 어려운 경우가 많다. 그러므로 이러한 업무를 통상처리하기 위해서는 어느 정도의 시간을 노동으로 인정하는 것이 적절한지 노사에서 협정으로 정하고 그 시간만을 근무시간으로 인정한다.

裁量労働制は労働者の不利益となる可能性があるので、どこでも無制限に適用できるわけではない.

재량 노동제는 노동자에게 불이익이 될 수 있으므로 무제한으로 적용할 수 있는 것은 아니다.

先物取引 선물거래

장래의 어느 시점에 구입할 상품을 현시점에서 계약하는 거래. 상품의 가격변동이 클 때 일어나는 가격 손실을 방지하는 것이 목적이었다. 상품의 양도시기 이전에는 전매와 회수가 가능하므로 매매차익으로 이익을 볼 수 있다. 귀금속, 석유제품. 곡물 등이 대상이다.

商品先物取引はハイリスク・ハイリターンの取引と言われます。

상품 선물거래는 하이 리스크, 하이 리턴 거래라 불립니다.

完全失業率 완전실업률

15세 이상의 국민 중 학생, 주부, 고령자를 제외한 취업가능 인구 중에서 현재 취업하지 않은 사람의 비율

完全失業率が上昇するということは、一般的に景気がよくないことを表し、数値が上昇すると対象国の通貨は売られやすくなります。

완전실업률이 상승한다는 것은 일반적으로 경기가 좋지 않는 것을 의미하며 수치가 상승하면 대상국의 통화는 팔리기 쉽다.

サービス残業 서비스 잔업

잔업 수당이 나오지 않는 잔업. 임금 없이 잔업하는 것을 말한다. 종업원이 고용자에게 서비스한다는 의미에서 생긴 용어이다. 사원이 자발적으로 하는 경우와 어쩔 수 없이 하는 경우가 있는데 본래는 노동기준법에 위배되는 것이다. 노동기준법에 의하면 1일8시간 혹은 주 40시간으로 정해진 노동 시간을 넘을 경우, 혹은 주말에 출근하는 경우 고용자는 잔업수당을 지불해야 할 의무가 있다.

サービス残業は何もブラック企業だけで起こっているとは限らない。

서비스 잔업은 악덕기업에만 일어나는 것은 아니다.

社內ベンチャー　사내벤처

기업 내의 독립된 사업 조직. 기업의 본업과는 다른 시장으로 진출하거나 신제품 개발을 목적으로 설치되는 경우가 많다.

アイデアの選定制度としての社內ベンチャー制度ではなく、事業の具体化、改善をしていく活動を支援する制度であるべきと考えております。

사내벤처 제도는 아이디어 선정제도가 아니라 사업의 구체화, 개선 활동을 지원하는 제도여야 한다고 생각하고 있습니다.

知的所有権　지적소유권

표현과 아이디어와 같이 실체가 없는 것을 지킬 권리를 말한다. 지적 소유권에는 예술적, 학술적 표현을 보호하는 '저작권', 기술적 발명을 보호하는 '특허권', 아이디어를 보호하는 '실용신안권', 상품 디자인을 보호하는 '의장권', 상품과 서비스 마크를 보호하는 '상표권' 등이 있다. 일본에서는 특허청과 문화청에서 지적소유권을 관리한다. 또 세계 지적 소유권 기강에서 지적 소유권 보호를 위해 국제적인 룰을 추진하고 있다.

さまざまな形態の知的所有権は、国際商取引との関連で重要な問題となった。

다양한 형태의 지적소유권은 국제상거래에서 중요한 문제가 되고 있다.

4. 사회

シネマコンプレックス 멀리플렉스 영화관

シネマコ이라고도 한다. 종래의 영화관과는 달리 7~10개의 상영 스크린으로 공개인 주요 영화를 한 건물에서 볼 수 있는 복합영화관을 말한다.

実はシネマコンプレックスは映画上映ではあまり儲けていないことが分かりました。

실은 멀티플레스 영화관은 영화 상영으로는 그다지 수익성이 없는 것으로 판명 났습니다.

遺伝子組み換え食品(GM食品)유전자 변형 식품(GM식품)

外部から別の生物の遺伝子を細胞に注入し、自然にはない性質をもたせた食品のこと。日本で流通しているものとしては、大豆やとうもろこし、ナタネ、ジャガイモや綿などがある。

외부에서 다른 식물의 유전자를 세포에 주입해 자연에서는 없는 성질을 만든 식품. 일본에서 유통되는 것은 대두, 옥수수, 유채씨, 감자, 면 등이 있다.

現実にGM食品の割合が非常に高い米国ではGM食品の出現と共にガン、白血病、アレルギー、自閉症などの慢性疾患が急増しています。

현실적으로 유전자변형식품의 비율이 상당히 높은 미국에서는 유전자변형 식품의 등장과 함께 암, 백혈병, 알레르기, 자폐증 등 만성질환이 급증하고 있습니다.

ピッキング盗 피킹 절도

열쇠구멍으로 피크라 불리는 도구를 이용하여 열쇠를 파괴하지 않고 도어락을 해제하여 집안으로 들어가 물건을 훔치는 범죄. 최근 급증하고 있는 범죄의 하나이다.

わずかな時間内に、現金や貴金属等をごっそり盗み出す、いわゆる「ピッキング盗」が急増しています。

단시간에 현금이나 귀금속을 몰래 훔치는 소위 '피킹절도'가 급증하고 있습니다.

ストーカー規制法 스토커 규제법

스토커 행위의 처벌과는 별도로 피해자의 스토커 피해방지를 위해 제정된 법률.

SNS上でつきまとう行為を新たに禁じる改正ストーカー規制法が6日、成立した。

SNS상에서 스토커 행위를 금지하는 새로운 개정 스토커 규제법이 6일 성립되었다.

地域通貨 지역통화

　어느 특정 지역이나 그룹 내에서 순환하는 통화. 교환수단으로 한정되어있고 지역 내에서 생산된 물건이나 서비스 교환에 사용되며 이자가 붙지 않는다.

　特定の地域で使える「地域通貨」は電子マネーに変身するなど進化が著しいです。

　특정 지역에서 사용되는 '지역통화'는 전자화페로 변신하는 등 진화가 눈에 띕니다.

日本版401K 확정거출연금(確定據出年金)

　가입자의 운용실적에 따라 받는 금액이 달라지는 사적연금. 2001년 1월부터 도입 되었으며 미국의 세입법 401조 K항을 모델로 한 것으로 보험료를 전액 소득공제가 되는 세제이익이 있다.

　日本版401Kは、毎月積み立てる拠出額を決めておき、加入者本人が運用方法を選び、指図を行います。

　일본판 401K는 매월 적립하는 보험금을 정해두고 가입자 보인이 운용방법을 골라 지시합니다.

ドメスティック・バイオレンス(DV)가정폭력

남편이나 연인 등 친밀한 관계에 있는 사람으로부터 받는 폭력. 일반적으로는 남성이 여성에게 가하는 폭력이 많다.

DVは、犯罪となる行為を含む重大な人権侵害です。

가정폭력은 범죄가 되는 행위를 포함한 중대한 인권침해입니다.

パラサイト・シングル　기생독신

학교를 졸업한 뒤에도 부모와 동거하며 주거와 집안일을 부모에게 의존하는 미혼 남녀를 말한다.

パラサイト・シングルの方がそれ以外の人々よりも生活が悪化した人々の割合が高くなっている。

기생 독신들이 다른 사람보다도 생활의 질이 떨어진 비율이 높아지고 있다.

代理出産 대리출산

선천적으로 자궁이 없거나 자궁을 적출한 여성의 난자와 남편의 정자를 체외 수정하여 제3자의 여성 자궁에 이식해 출산하는 것을 말한다.

日本産科婦人科学会は代理出産や第三者による卵子提供を認めない立場をとるが、法的拘束力はない。

일본산과부인과 협회는 대리출산과 제3자의 난자제공을 인정하지 않는 입장이지만 법적 구속력은 없다.

心的外傷後ストレス障害(PTSD)외상후스트레스 장애

재난, 범죄, 협박, 폭행 등으로 생명과 인격에 관계된 심각한 경험을 하고 심적으로 심한 상처를 입은 사람들에게 생기는 정신적인 장애.

PTSDは、本人や周囲の人のせいで発症するわけではなく、誰にでも発症する可能性があります。

외상 후 스트레스 장애는 본인이나 주위 사람 때문에 발병하는 것이 아니라 누구에게나 일어날 가능성이 있습니다.

社会的ひきこもり 사회적 은둔

6개월 이상 집에서 은둔하며 사회에 참가하지 않는 상태가 지속되는 것, 혹은 그런 사람을 말한다.

不登校の一部が長期化して、社会的ひきこもりへと移行することも厳然たる事実です。

등교거부의 일부가 장기화되어 사회적 은둔으로 이행되는 것도 엄연한 사실입니다.

バリアフリー 장벽제거

원래는 장애인이 사회생활을 하는데 있어 장벽을 없애기 위해 건축물이나 도로 등 물리적 장벽을 없애는 것을 의미한다. 최근에는 넓은 의미에서 고령자, 장애인, 육아 가정, 외국인 등 사회 참여에 어려움을 겪고 있는 모든 이들의 장벽을 제거하는 의미로 사용된다.

バリアフリー法では50室以上ある宿泊施設は車いす用客室を1室以上設けることが義務付けられている。

장벽제거 법에서는 50실 이상을 보유한 숙박시설은 휠체어용 객실을 1실 이상 두는 것이 의무로 되어있다.

ユニバーサルデザイン　유니버설 디자인

범용 디자인. 가능한 다양한 사람들이 거리나 물건을 사용하기 쉽게 하는 것. 또는 그러한 생각에 기초하여 만들어진 건물이나 거리를 말한다.

ユニバーサルデザイン(UD)タクシーはスロープや手すりなどを備え、高齢者や車いす利用者などが乗りやすくなっている。

유니버설 디자인(UD) 택시는 경사대나 손잡이를 갖추어 고령자와 휠체어 이용자도 승차하기 쉽게 되어있다.

個人情報保護法案　개인정보 보호법안

개인 정보의 유출, 악용방지를 목적으로 한 법률안. 고도정보화 사회의 발전에 대응해 검토가 이루어지고 있다.

2005年に制定された個人情報の保護に関する法律(以下、「個人情報保護法」)が大きく改正され、平成29年5月30日の施行が予定されています。

2005년에 제정된 개인정보 보호에 관한 법률(이하 개인정보보호법)이 대폭으로 개정되어 2017년 5월 30일 시행을 앞두고 있습니다.

京都議定書 교토 의정서

지구 온난화를 방지하기 위한 국제 조약으로 1997년 12월에 교토에서 채택되었다.

先進国に温室効果ガスの排出削減を義務づけた京都議定書は、第2約束期間(2013～2020)に入ったが、日本やロシアなどが義務延長を拒み、空洞化が進んだ。

선진국에 온실가스의 배출삭감을 의무화한 교토의정서는 제2약속기간에 접어들었지만 일본과 러시아가 의무연장을 거부하여 공동화가 진행되고 있다.

ハイブリッド車 하이브리드 차

가솔린과 전기 모터를 병용하여 주행하는 자동차. 배기가스에 포함된 유해물질의 배출량을 줄이고 연비의 향상이 기대되는 장점이 있다.

ハイブリッド車はエコカー減税により、購入時の自動車取得税と重量税、翌年の自動車税が安くなります。

하이브리드 차는 친환경 차 감세로 구입 시 자동차 취득세, 중량세, 이듬해 자동차세가 감면된다.

연습 문제 해답

제1과

[1]

1. 이것은 상품 카탈로그입니다만 보시길 바랍니다.

2. 급한 용무가 있어서 오늘 모임은 참가하지 못할 것 같습니다.

3. 최근 실적이 부진하여 회사 재정은 상당히 힘듭니다.

4. 말씀 드렸습니다만 반품이므로 잘 부탁드립니다.

5. 신제품개발 관련 회의가 오후 5시부터 열릴 예정입니다.

6. これは見積書でございますが、一度ご覧頂きたいと思います。

7. 納品書はございませんが、必要な書類はこちらにござします。

8. 納品は来月15日まででございますので、急ぐ必要はございません。

9. 弊社の取引先は全国39か所にございます。

10. 本社からの連絡がまだございませんので確定は不可能でございますが。

[2]

1. 이것은 저희 회사 안내서입니다.

2. 저것은 기존제품이고 이것은 신제품입니다.

3. 저는 영업부 후지이라고 합니다. 이쪽은 해외영업 담당자인 다나카입니다.

4. 기다리게 해서 죄송합니다. 바쁘신데 저야말로 죄송합니다.

5. 부장님은 회의로 잠시 자리를 비우고 있습니다만 이쪽 대기실에서 잠시 기다려 주십시오.

6. こちらは今年の売上表です。

7. おかげさまで今日の会議は無事に終わりました。こちらこそおかげさまで。

8. あちらは製品の説明書で、こちらはサンプルです。

9. 弊社のものを紹介いたします。こちらは総務部部長の田中でございます。

10. こちらは契約書でございますが、サインお願いします。

[3]

1. 보험증서는 확실히 받았습니다.

2. 달러로 받고싶습니다만

3. 청구서를 받는 즉시 연락하겠습니다.

4. 불량품의 목록을 받고 싶습니다만

5. 차액은 모두 저희 회사가 받기로 되어있습니다

6. 輸入申告書を頂戴したいと思いますが。

7. 送狀のこぴーを頂戴次第に連絡いたします。

8. 保険料は顧客より頂戴することになっております。

9. 予約金を頂戴すると契約が成立することになります。

10. 価格表を頂戴してから決定します。

제2과

[1]

1. 언제 돌아오십니까?

2. 모두 모이셨으므로 이제 시작하겠습니다.

3. 아직 용지를 안 받으신 분은 말씀하세요.

4. 오늘은 많이 걸으셔서 피곤하시지요.

5. 조금전 설명한 건에 대해서입니다만, 좀더 자세히 설명하고 싶습니다.

6. お客様は中でお待ちになっております。

7. 社長は契約書をすでにお読みになりましたか。

8. 途中キム課長とお会いになっていらっしゃいませんか。

9. 今おっしゃった問題は本社にお伝えいたします。

10. 現在この商品の欠陥についてはご理解になっていらっしゃると理解しております。

[2]

1. 오늘은 바쁘신 중에도 다나카 사장님께서 왕림해 주셔서 깊은 감
   사의 말씀을 올립니다.

2. 바쁘신데 협력해 주셔서 감사합니다.

3. 대단히 바쁘신데 시간을 비워주셔서 감사드립니다.

4. 지난번에는 바쁘신데 전화 주셔서 감사합니다.

5. 바쁘신데 일부러 와주셔서 감사합니다.

6. お忙しいところをおじゃまして申し訳ございません。

7. お忙しいところ来ていだだき、大変申し訳ございません。

8. 今日はお忙しいところをお三方の専門家に参加いただき、ありがと
   うございました。

9. お忙しいところ申し訳ございませんが、次の事項をご検討宜しくお
   願い致します。

10. 年末にお忙しいところを色々準備などありがとうございます。

[3] お(ご)～する(하다)

1. 이번 신제품을 권하는 이유는 다음 3가지입니다.

2. 계약서를 보내오니 잘 부탁합니다.

3. 전문가와 이야기 할 기회를 얻었습니다.

4. 고객의 요구를 듣고 제품 개선에 임하였습니다.

5. 대답하기 전에 한 가지 확인이 있습니다.

6. 申し訳ございませんが、この漢字は何とお読みしますか。

7. 安くて美味しいレストランにご案内します。

8. 月一回定期的に相談お受けしています。

9. ご提案にお答えできないこと大変申し訳ないと思っております。

10. 申請者が多い場合は事前にご終了することもございます。

제3과

[1]

1. 하반기 결산에 대해서 보고 하겠습니다.

2. 지난번에 계좌이체에 대해서 상담했습니다만, 아직 대답을 받지 못했습니다.

3. 정보 교환 할 수 있는 기회를 준비하겠습니다.

4. 상세한 점은 홈페이지에서 안내하겠습니다.

5. 保証金額についてご質問致します。

6. 30分後に改めてお電話いたします。

7. 明日こちらからお返信致します。

8. 適切な方案をご提案いたします。

9. 見本をメールでお送りいたします。

10. 前向きの見解と決断を下さるようごようお願い致します。

[2] ～に比べると(～와 비교하면)

1. 다른 신장비와 비교하면 약간 촌스러운 느낌이 듭니다만.

2. 상반기와 비교하면 활기가 없는 것은 확실합니다.

3. 그전의 것과 비교하면 염분은 반으로 줄었습니다.

4. 한국과 비교하면 상당히 뒤처져있네요.

5. 플라스틱에 비하면 강도는 단연 우위입니다.

6. 前年度に比べると製品に関する不満は減りました。

7. 他のOECDの国に比べると低い方です。

8. 大手企業に比べると顧客の不満の処理時間が遅いです。

9. 他社のサイトに比べると待機時間が短いです。

10. 前年度の同期間に比べると10％上昇しました。

[3] ~でしたら(~이라면)

1. 매뉴얼 작성이라면 어제 담당자에게 지시해 두었습니다.

2. 단가라면 메이커에게 인하를 요청해두었습니다.

3. 특허라면 현재 출원중입니다.

4. 보증기간이라면 제품 납입 후 1년입니다.

5. 보고서라면 다음주말까지 완성할 수 있습니다.

6. その要件でしたら木村が担当です。

7. 製品の安全性でしたら問題ありません。

8. 砕いてきな日程でしたら、後ほど詳しくご説明いたします。

9. 分析資料でしたらメールでお送りいたします。 분석자료라면 메일
   로 보내드리겠습니다.

10. 現場訪問でしたら事前調整が必要です。

제4과

[1]

1. 감천문화마을은 부산의 마추피추라 불린다.

2. 시장 가격을 보면서 생산과 출하계획이 세워진다.

3. 그 사이트의 반 이상이 광고로 채워져있다.

4. 회의에서는 고개의 불만 건도 다루어졌다.

5. 생산비 경감을 도모하기 위해 <u>만들어진</u> 조치입니다.

6. 大企業の主導で開発が進められた。

7. 新しいCEOの就任で多くの期待が寄せられた。

8. 会議は穏やかな雰囲気で行われた。

9. 長らく愛されているモデルです。

10. 去年は海外出張をよく命じられた。

[2]

1. 부산에 오시면 언제든지 들러주세요.

2. 잠시 기다려 주세요.

3. 부터 용서해 주시길 바랍니다.

4. 속히 보내 주시길 바랍니다.

5. 자세한 사항은 담당자에게 물어보십시오.

6. 実際に現場でお使いになってみてご意見ください。

7. 安全規則は必ずお守りください。

8. 何かございましたら私をお呼びください。

9. 作動原理をお教えください。

10. 費用はドルでお支払いください。

[3]

1. 그 조건으로는 계약이 어려울 것 같습니다.

2. 한국의 온돌은 따뜻할 것 같네요.

3.CEO는 기자회견에서 죄송한 듯이 사죄했다.

4. 신제품의 개선안은 이것으로 좋을 듯합니다.

5. 이 가게는 경주에서도 역사가 오래된 것 같습니다.

6. 部長は忙しそうに席を移動しました。

7. 原価の下落が価格変動に及ぶ影響はなさそうです。

8. 発想は面白そうですが。

9. 女性の参加率が高そうに見えます。

10. この時間は地下鉄が速そうです。

제5과

[1]

1. 회사의 리더다운 몸가짐을 익히는 것이 중요해졌다.

2. 여름이 지나고 가을다운 기온이라고 생각했는데 아직 더운 날이 계속되고 있습니다.

3. 점장은 젊은이다운 센스로 말을 능숙하게 잘한다.

4. 일본에서는 막깍이가 청결하고 남자다운 이미지가 있다.

5. 자기다운 생활을 실현하고 싶은 어른 세대에게 라이프스타일을 제안하고 있습니다.

6. 提案書には新生企業らしいアイデアと挑戦が目立っている。

7. 北ヨーロッパらしい綺麗でシンプルなデザインに仕上げっている。

8. 訪問客にはわが社らしいサービスを提供しております。

9. アンケート調査ではもっとも韓国らしい食べ物はピビッパと言われている。

10. もっとも日本らしい都市は京都だと思います。

[2]

1. 과거에 해당 어플에 로그한 적이 있습니까?

2. 회원등록이 번거로워 인터넷쇼핑을 그만둔 적이 있다.

3. 실재로 생산현장을 방문한 적이 있습니까?

4. 우리 회사의 제품을 이용하신 적이 있습니까?

5. 한번 시도한 적이 있습니다.

6. インターネットに広告を出したことがあります。

7. 過去市場調査をしたことがあります。

8. 阪大方法を変えたことがありますが。

9. 原案事項について真面目に議論したことがあります。

10. この商品系列を拡充したことがあります。

[3] ならではの

1. 승차감이나 수납 등 여성만의 시점이 반영되어있다.

2. 전문가만의 적절한 조언을 받을 수 있다.

3. 경차만의 실용성과 경제성에다가 디자인도 신경 쓴 제품이다.

4. 호쿠리구(北陸)만의 해산물과 임산물을 함께 맛볼 수 있다.

5. 오사카만의 먹는 법이 있습니까?

6. 韓国会社ならではの独特な会食文化がある。

7. わが社ならではのノーハウと専門性を育てなければならない。

8. IT企業ならではの効率的な処理方法は何であろうか。

9. 顧客の期待を上回るわが社ならではの価値創造を目標にする。

10. これからもアプリならではの新しい機能を追加する計画です。

[2]

1. 그런데 거래 조건에 대한 확인입니다만.

2. 그런데 내일 회의 자료는 완성되었습니까?

3. 그런데 이 법률은 금융기관 이외에도 적용된다.

4. 그런데 재무과와 상담하였는데 그 보고를 드리겠습니다.

5. 그런데 회사의 정식명칭은 알고 있습니까?

6. ところで、契約条件が合わなければ他の会社を探しましょうか。

7. ところで、送金の督促メールは送りましたか。

8. ところで、今回の取引は両会社の社長が直接会って成り立った。

9. ところで、韓国ではこのような商品も売られています。

10. ところで、日本の会食はどんな雰囲気ですか。

[3] どちらかというと

1. 거래처 담당자는 굳이 말하자면 느긋한 사람이다.

2. 돼지고기 부추볶음은 굳이 말하자면 남자다운 요리이다.

3. 그는 굳이 말하자면 축구파로 야구를 좋아하게 되리라고는 생각 못했다.

4. 나라면 굳이 말하자면 한국다운 선물에 카드를 넣어 보내겠습니다.

5. 나는 어느 쪽인가 하면 모두의 이야기를 듣거나 분위기를 띄우는 것을 잘 합니다.

6. 私はペットが好きですが、どちらかというと、猫がもっと好きです。

7. 取引をやめる時はどちらかというと、メールで送った方がいい。

8. 理事会の決定はどちらかというと、賛成が多い。

9. 今後の展望はどちらかというと、明るくはない。

10. 中小企業としてはどちらかというと、財務がしっかりした方である。

제6과

[1]

1. 누군가 원리를 가르쳐 주시겠습니까?

2. 지적하신 부분을 개선했습니다. 확인해 주시겠습까?

3. 죄송합니다. 회의 준비입니만, 협력해 주시겠습니까?

4. 지난 달 지불이 아직인 것 같은데 조사해 주시겠습니까?

5. 이번 사태에 대해 원인과 대책을 알려주시겠습니까?

6. 差し支えなければ、最低単価を教えていただけないでしょうか。

7. 疑問がありましたら、このメールで直接返答いだだけないでしょうか。

8. このサンプルをお使いになって感じたことを教えていただけないでしょうか。

9. 少し時間をあけていただけないでしょうか。

10. もう少し詳しく説明いただけないでしょうか。

[2]

1. 출결에 대해 답신해 주시길 바랍니다

2. 불명확한 점이 있으면 번거로우시겠지만 전화해 주시길 바랍니다.

3. 만약 느낀점이 있으면 지적해 주시길 바랍니다.

4. 귀사의 영업부에 이 메일을 전송해 주시길 바랍니다.

5. 실로 건방진 부탁입니다만 제출까지 5일정도 유예해 주시길 바랍니다.

6. 企画の内容について、公開可能な範囲でご教示頂けると幸いです。

7. 過去の販売実績について、お教えいただけると幸いです。

8. 貴社製品の資料などございましたら、送付して頂けると幸いです。

9. 以下の質問に答えていただけると幸いです。

10.これを有効に活用して頂けると幸いです。

[3]

1 이 자료는 초보가 참고할 수 있는 내용으로 되어있습니다

2. 안심하고 먹을 수 있는 상품을 구입하기 좋은 가격으로 제공하기
위해 날마다 노력하고 있습니다.

3. 저희 회사는 전세계 사람들이 좀더 일상을 풍요롭게 할 수 있는
서비스 제공을 목표로 하고 있습니다.

4. 과학에 대한 탐구심을 높이는 날이 되길 바랍니다.

5.서로 유익한 회의가 되는 내용이었습니다.

6. 相談を気軽にしていただける場としてもご活用いただけます。

7. 時間を大切にしていただけるような新しい方法をご紹介します。

8. 直接体験にしていただける期間限定のキャンペーンを開催します。

제7과

[1]

1. 당 호텔은 미네랄워터(1실당 2병)도 구비하고 있습니다.

2. 어린이도 즐길 수 있는 디저트(1인당 1접시)를 제고하고 있습니다.

3. 회원 1명당 4장까지 신청가능합니다.

4. 製品1個につき119%のコスト増になります。

5. 応募は1名につき1回限りです。

6. 幼児は大人1人につき1人無料、2人目以降はこども料金になります。

[2]

1. 비즈니스라면 기본적으로 무난한 복장으로 프레젠테이션을 하는 것이 좋다.

2. 법인 대상 제품이라면 그 회사내의 주문서 승인 프로세스를 이해해야한다.

3. 1,000개 이상 주문이면 특별가격으로 제공하고 있습니다.

4. 在庫品であれば当日出荷もできます。

5. 納期の延期が不可能であれば価格交渉の余地はあります。

6. 予算の譲りが不可能であればスペックや納期を交渉するしかありません。

[3]

1. 귀가 불편한 사람에게 '승차권을 보여주십시오'라고 알렸다.

2. 제가 2건 보고드리겠습니다.

3. 며칠뒤에 답을 드리겠습니다.

4. 少し話を続けさせてください。

5. この機会に、チームに対し、お礼を述べさせてください。

6. ぜひ一度商談させてください

제8과

[1]

1. 심려를 끼쳐 죄송합니다.

2. 지금거신 전화를 호출했습니만 연결되지 못했습니다.

3. 지적하신대로 센서 불량이 발견되었습니다. 심려를 끼쳐 진심으로 죄송하며 사죄드립니다.

4. せっかく約束いたしておきながら、失念いたしましたご無礼をお許しくださ

5. ご無理を申し上げますが、２週間のご猶予をいただけませんでしょうか。

6. 発表会不参加に関しまして、関係各位に多大なご迷惑をおかけいたしましたこと、心からお詫び申し上げます。

[2]

1. 원칙적으로 수입측이 조정비용을 부담하기로 되어있습니다.

2. 구체적인 수속등은 등록인증 기관이 결정하기로 되어있습니다.

3. 1개월에 1번 사장을 의장으로 회의하기로 되어 있습니다.

4. 日本では一般的に携帯の番号は教えないことになっている。

5. 利子は毎月20日に支払うことになっております。

6. 正文をすべて明記することになっております。

[3]

1.어른도 아이도 만족 시키는 상품이 되었다.

2. 일로 피곤할 때 동료·상사에게 어떤 말을 듣고 싶습니까?

3. 다음 세대에 넘기는 것 같은 일이 되어서는 안된다.

4. この企画案は以下のような画期的な内容を含むものです。

5. すぐに国債価格が暴落するようなことはないと思う

6. コミュケーションに少しでもお役に立てるような製品を提供たい

[4]

1.원격으로 실내 온도를 관리할 수 있도록 하고 싶다.

2. 누구라도 간단히 찾을 수 있도록 이용정보를 충실히한 포털사이트입니다.

3. 이것으로 확실히 취소비용을 줄일 수 있게 되었습니다.

4. 誰でも簡単に利用できるようになりました。

5. インターネットでも申し込めるようになりました。

6. ライフスタイルに合わせた計画を選べるようになりました。

제9과

[1] ～いたす

1. 이 지역의 시장조사를 하겠습니다.

2. 더욱이 기업환경이 악화되었을 경우에는 가능한 조치를 해 두었습니다.

3. 그럼 본인에게 확인하고나서 다시 연락드리겠습니다.

4. 귀점의 주문품과 타점의 발송품이 바뀐 것이 판명되었습니다.

5. 즉시 다른 편으로 송부 준비를 했습니다.

6. 下記のような順でリサイクルをいたします。

7. 今日から通常営業いたしますので、今年もよろしくお願いします。

8. 広範囲な角度から再検討を私より指示致します。

9. この結果を基に分析いたしました。

10. 原案通り可決すべきと決定致しました。

연습 문제 해답

[2] ～でいらっしゃる

1. 길어진 가을 밤의 계절이 왔습니다. 어떻게 지내고 계신지요.

2. 선생님은 건강하십니까?

3. 오늘은 야마다와 약속하셨습니까?

4. 어떤 용건이십니까?

5. 실례지만 누구십니까?

6. その点についてどのようなお考えでいらっしゃいますか。

7. 朴栄浩さんは大変謙虚で真面目な人でいらっしゃいます。

8. 企画部長でいらっしゃった時にお会いしたことがあります。

9. 大阪出身でいらっしゃいますね。

10. 営業社員でいらっしゃいますね。

[3] 〜をいただき

1. 1763통이나 응모해 주셔서 정말 감사드립니다.

2. 어제는 귀중한 기회를 주셔서 대단히 감사드립니다.

3. 여러 가르침을 주셔서 깊은 감사를 드리고 싶습니다

4. 많은 분들께서 협력해 주셔서 감사드립니다.

5. 방금전 자세한 보고를 해 주셨습니다. 진심으로 감사의 말씀 드립니다.

6. 大変貴重なご指摘をいただき、誠にありがとうございます。

7. 早朝から足を運んでいただき、心からお礼申し上げます。

8. 委員の方から高い評価をいただき、誠にありがとうございます。

9. 親切なご説明をいただき、誠にありがとうございます。

10. いつもたくさんのコメントをいただき、ありがとうございます。

제10과

[1]

1. 공교롭게도 절품되어 죄송합니다.

2. 공료롭게도 가진 돈이 없습니다.

3. 공교롭게도 예약이 다 찼습니다.

4. 공교롭게도 명함이 다 떨어져서...

5. 공교롭게도 당일은 선약이 있어서 결석하게 되었습니다.

6. あいにく他の予定がございまして、日程の調節が難しい状況です。

7. あいにく業務が押し詰めており、ご提案の日は少し難しそうです。

8. あいにく午後2時には他のお客がいらっしゃいますので...

[2]

1. 지장이 없으시면 일정 변경을 요청하는 바입니다.

2. 지장이 없으신 범위에서 검토해주시길 바랍니다.

3. 천연색소는 사용해도 거의 지장이 없다.

4. 지장이 없으면 조금 전 건에 대해 가르쳐 주시겠습니까

5. 지장이 없으면 탈퇴이유를 가르쳐 주시겠습니까

6. 差し支えなければ、来週お会いできますか。

7. 差し支えなければ、○○にお伝え出来ますか。

8. 差し支えなければ、お名前を教えていただけないでしょうか。

9. 差し支えなければ、メールアドレスを教えていただけないでしょうか。

10. 差し支えなければ、後ほどお電話いただけないでしょうか。

[3]

1. 지적하신대로 청구서 금액에 잘못이 있었습니다. 사죄드립니다.

2. 주문대로 상품 송부를 부탁합니다.

3. 아시는 바와 같이 품질에 대한 의식저하를 지적 받았습니다.

4. 당초의 계약조건대로 부탁드립니다.

5. 물품의 납기에 대해서입니다만 희망하신대로 ○월○일에 납기가
   가능합니다.

6. 新年の4日は通常通り10時から営業を開始いたします。

7. 以下の通りて訂正して新しい見積書を添付致しますのでご確認お
   願いします。

8. お願いの内容は以下の通りです。

9. 今日さっそく説明書通り使用してみた結果、モータが回りません。

10. 現在どうしてもご希望通りには難しい状況です。

[4]

1. 지금 원인을 조사하고 있으므로 판명 즉시 알려드리겠습니다.

2. 정원이 차는대로 종료하겠습니다. 참가자에게는 메일로 통지하겠
   습니다.

3. 준비 되는대로 신상품 카달로그, 가격표를 보내드리겠습니다.

4. 확실한 납품일을 아는 대로 즉시 연락드리겠습니다.

5. 주문하신 상품은 입하즉시 보내드리오니 잠시만 기다려주십시오.

6. 会場、子算が決まり次第、正式にご連絡いたします。

7. サンプルの完成次第改めてご相談いたします。

8. 修正次第直ちに改めてお送りお願いします。

제11과

[1]

1. 기럽의 조직으로는 톱다운 경향이 강하다고 생각합니다.

2. 이점으로는 메일 서버에 상시접속을 하지 않아도 되는 점입니다.

3. 수수료는 환율에 따라 다릅니다.

4. 원칙은 일괄지불입니다.

5. 주의점으로는 기한을 지키는 것입니다.

6. 一つ目の問題としては輸入の手続きです。

7. 全体の計画としては来月の中旬までは纏めることです。

8. 結論としては特別法に該当しないと判断いたします。

9. 10周年記念として特別公開講座をご用意いたします。

10. 申請方法としては郵便と電話で申し込むことができます。

[2]

1. 관계자는 고쳐야 할 점이 없는지 검토하겠다고 말했다.

2. 교육제도에는 개선해야할 부분이 많이 있는 것 같습니다.

3. 이력서로 뽑는 채용을 폐지한 것을 많은 기업은 본받아야 한다.

4. 교육 분야의 투자를 강화해야한다.

5. 사용자가 부담해야할 비용, 지불 시기를 정해야 한다.

6. 将来取り組むべき施策を原子力規制委員会に提出した。

9. 募集及び採用において男女に均等な機会を付与すべきである。

10. 会議の案件は業務環境改善を最優先すべきである。

[3]

1. 비즈니스에서는 영어를 어쩔 수 없이 사용해야 하는 경우가 많이 있습니다.

2. 경영자는 흔희 '살아남기 위해 글로벌화 해야 한다고'고 말한다.

3. 무시할 수 없는 출장이 있어 출석은 단념할 수밖에 없는 상황입니다.

4. 회의 결과, 부득이 하게 사업 변경을 하게 되었습니다.

5. 부득이 하게 재고를 기다려야 하는 제품 리스트를 보내오니 잘 부탁드립니다.

6. 今回は残念ながら条件が合いませんので、お断りせざるを得ません。

7. 中小企業でも、大企業でも、新しいビジネス環境に直面せざるを得ない。

8. いまや多くの企業がソフトウェア開発に向き合わざるを得なくなっています。

9. この企画は現在の営業環境では中断せざるをえません。

10. 多くの企業が米国やアジアの投資ファンドに頼らざるを得ない状況でした。

[4]

1. 개 혹은 고양이를 기르고 있는 펫 오너라면 누구라도 참가 가능
   합니다.

2. 상품은 직접 전달 하거나 혹은 택배로 보내드립니다.

3. 이 시스템은 개인 혹은 비즈니스에서의 사생활을 보호합니다.

4. 은행 혹은 편의점에서 지불해 주십시오.

5. 상품은 상황에 따라 배달시간이 전후 혹은 변경을 요구하는 경우
   가 있습니다.

6. 本サービスについて詳しくはWEBサイト、もしくは下記までご連
   絡ください。

7. 本社は火・水曜日もしくは水・木曜日が休日となっております。

8. ログインもしくはメールアドレスの入力後、意見を入力していた
   だくと、抽選画面に進めます。

9. オンラインもしくは店頭にて販売開始致します。

10. 製品名は当社の商標もしくは登録商標です。

[5]

1. 다양한 상품 구비가 인기 요인의 하나입니다.

2. 국제회의의 사용언어는 영어뿐입니다.

3. 한정된 기간에 수주를 받습니다. 이 기회를 놓치지 마세요.

4. 관내는 전체 금연이므로 3층의 흡연구역을 이용해 주시기 바랍니다.

5. 현재는 IOS 어플에서만 제공합니다.

6. 観覧場所はフリースペースとなっておりますので、ご自由にご覧いただけます。

7. 子供も安心して遊べる商品となっております。

8. 共働き世帯向けの幼児園となっております。

9. こちらの商品も3セットまでご購入可能となっております。

10. お子様も共に楽しめる内容となっております。

[6]

1. 문의내용에 따라서는 전화로 답을 드리는 경우가 있습니다.

2. 참고자료 2에 의거하여 현지 시찰을 하실 때 주의사항을 말씀드리겠습니다.

3. 여러분의 사랑으로 올해 4월로 창업 50주년을 맞이하게 되었습니다.

4. 날씨 사정에 따라 운행이 안 되는 경우도 있습니다.

5. 상품 사이즈에 따라서는 메일우편으로 출하하는 경우가 있습니다.

6. ご質問内容によりましては、ご回答致しかねる場合もございますので、予めご了承ください。

7. Googleマップは、ご利用環境によりましては表示できない場合がございます。

8. 商品や在庫状況によりましては、通常より出荷までお時間をいただきます。

9. お席の場所によりましては舞台の一部で見えづらい箇所がございます。

10. 工事の進捗状況によりましては、下記案内写真と異なる部分もございますのでご了承ください。

[7]

1. PTA회원 여러분께 늘 PTA활동에 대한 이해와 협력을 감사드립
   니다.

2. 이 장소에서는 극장 등을 볼 수 있습니다.

3. 이 부근을 말씀드리자면 원래 산성이었던 곳입니다.

4. 이번에 저희 회사는 신제품〇〇〇〇을 〇〇월 〇〇일부터 판매
   합니다.

5. 이 지역은 유해동물의 증가가 큰 문제입니다.

6. 昨年は，国内におきましては，震災復興もままならぬままの状態で
   す。

7. 当社におきましては、下記のとおり人事発令を行う予定としてお
   ります

8. 当センターにおきましては、年末年始休日を下記のとおり実施い
   たしますので、何卒よろしくお願い申し上げます。

9. このたびの東日本大震災により被災された皆様におきましては、
   謹んでお見舞い.申し上げます。

10. IT業界におきましては優秀な　技術者の採用や育成が重要であり
    ます。

[8]

1. 바쁘신 중에 대단히 죄송합니다만 한번 미팅시간을 주시기 바랍니다.

2. 철수님의 좋으신 시간을 알려주시기 바랍니다.

3. 바쁘신 중에 저희 회사 사정으로 죄송합니다만 ○월 ○일까지 제출해 주시기 바랍니다.

4. 자세한 사항은 동봉한 자료를 보시기 바랍니다.

5. ○월 ○일(水)○시에 인사드리고싶습니만 철수님의 사정은 어떠신지요.

6. ご慰労をかねて、忘年会に招待したく存じます。

7. お手すきの折にでも、ご覧いただければと存じます。

8. ○○を開催する前に皆様のご都合をお聞かせいただきたく存じます。

9. かねてより○○に御寄稿いただいたいと存じ ておりました。

10. ご教示を賜りたく存じます

제12과

[1]

1. 신속히 입금 하겠습니다.

2. 본론입니다만, 지난번 질문에 대한 대답을 드리겠습니다.

3. 신속한 회신 감사드립니다.

4. 신속한 제안 감사드립니다. 상사와 논의한 후 내일 대답을 드리겠습니다.

5. 본론입니다만, 제시하신 거래조건에 따라 아래와 같이 주문합니다.

6. 早急にお返事をいただけたので、非常に助かりました。

7. ご注文の品は早速お届けします。

8. 早速電話してみます。

9. 早速お伺いします。

10. 在庫が用意できましたら、早速ご連絡いたします。

[2]

1. 모두 생산현장을 주로 경험했습니다.

2. 어느 것이나 참신한 아이디어가 넘치는 것이라고 생각합니다.

3. 모두 훌륭한 1급 자료뿐입니다. 감사합니다.

4. 7일(화) 혹은 9일(목) (어느 날이든 지정하시는 시간으로 괜찮습
니다)

5. 인터넷은 유선, 무선 모두 사용 가능합니다.

6. 何れも電話での申込みになります。

7. 案件名はいずれも略称です。

8. サンプルは、いずれも注文フォームでお選びいただくことができ
ます。

9. いずれも特別価格にて同時にお申込みになれます。

10.いずれも先着順となっております。

[3]

1. 실로 유감스럽게도 이번은 채용을 보류하게 되었습니다.

2. 이 상태로는 유감스럽지만 판매가 불가능합니다.

3. 저희 회사는 유감스럽지만 올해 선전 예산을 삭감했습니다.

4. 유감스럽지만 이번은 접수할 수 없습니다.

5. 유감스럽게도 효과는 기대할 수 없습니다.

6. お取引は残念ながら中止させていただきます。

7. 残念ながらこの金額では無理です

8. 野球は残念ながら負けてしまいました。

9. この方向では残念ながら富士山は見えませんでした。

10. 残念ながら本日はすべて満席となっております。

[4]

1. 한사람 한사람에게 그리 시간을 쓸 수는 없습니다만

2. 지금 숫자를 설명 드릴 수는 없습니다만

3. 저희가 직접 교섭을 할 수는 없습니다.

4. 이 문제는 좀처럼 일률적으로 할 수는 없습니다.

5. 여기서 즉시 약속할 수는 없습니다.

6. 一概に比較する*わけにはまいりません*が...

7. そう長く延ばすわけにはいきません。

8. 直ちに賛成するわけにはまいりません。

9. この点は同意するわけにはまいりません。

10. 無断欠勤を目下するわけにはいきません。

[5]

1. 급히 빠질 수 없는 회의가 들어와 뵙지 못하게 됐습니다.

2. 연락이 늦어버려 죄송합니다.

3. 메일로 답신이 늦어져 대단히 실례가 많았습니다.

4. 메일을 잘못하여 ○○님께 보내버렸습니다. 번거로우지시겠지만…

5. 방금전 제목을 붙이지 않고 메일을 보내버렸습니다.

6. 直前に不参加のご連絡をすることとなってしまい、申し訳ありませんでした

7. 今日は突然の欠勤となってしまい、申し訳ございません。

8. かえってお手数を煩わすことになってしまいましたこと、心よりお詫び申し上げます。

9. 別のファイルを添付してしまい、大変申し訳ございません。

10. 電話でお話ししましたが、結局一人分は別のメニューとなってしまいました。

[6]

1. 저는 인사이동으로 본사영업본부에서 부산영업지점근무가 되었습니다.

2. このメールはBCCにて、皆様に一斉にお送りしています。

3. 견적서를 우편으로 보내주신다는 것이었습니다만...

4. 또한 별도의 우편으로 약소하지만 축하선물을 보내드렸습니다.

5. 수속상 주문을 서면으로 부탁드리고자 주문서를 보내드렸습니다.

6. 10日付けのメールにて問い合わせをいただておりますが。

7. お着きになりましたら一回の窓口にて朴栄浩をお呼びください。

8. 不在でしたのでメールにてご連絡いたします。

9. 10月10日付けにて請求書をお送りいたしました。

10. 先ほど電話にて失礼いたしました。

제13과

[1]

1. 유학한 경험을 장래에 어떻게 활용하고 싶습니까?

2. 장래에는 풍부한 지식, 경험을 살려서 지역에 공헌할 수 있는 사람이 되고 싶습니다.

3. 지금까지의 경험을 살려서 이용자의 수요에 적확하게 답할 수 있는 일을 하고 싶습니다.

4. 경리사무의 경험을 살려서 한번 더 일하고 싶어서 지원했습니다.

5. 이 가게에서도 경험을 살리면서 보다 접객 스킬을 높이고 싶습니다.

6. この好奇心を活かして、もっと商品企画にも参加できる仕事につきたいです。

7. データを活かして効果を最大化する方法を考えてほしいです。

8. 協調性を活かして仕事していきたいです。

9. ITスキルを活かし業務改革を牽引していきたいです。

10. 貴社の業務でも必ず、この経験を活かすことができるはずです。

[2] ～を通じて

1. 이 코스는 사계절 내내 경주의 중요한 관광루트입니다.

2. 구입횟수는 전체로 한명당 1회로 하겠습니다.

3. 면접을 통해 자신의 미숙함을 느끼고 말았습니다.

4. 적극적인 대응을 통해 해외시장 개발에 힘써야 할 필요가 있습니다.

5. 자원봉사활동을 통해 사회에서 자신이 무엇을 할 수 있는지를 배웁니다.

6. 専門店等を通じて販売開始いたします。

7. 教育を通じて技術革新を担う人材の育成が必要となる。

8. WEBサイトを通じて意見調査を定期的に実施しております。

9. 議論を通じて協力を深めたいと思っております。

10. 会長は代理人を通じて辞任する意向を伝えてきました。

[3] 働きかける

1. 오픈 소스 이용을 촉구하는 컨소시엄이 결성되었다.

2. 주최자가 강하게 참가를 권하도록 협력해 주십시오.

3. 협회가 중심이 되어 다방면에서 적극적으로 활동한 성과입니다.

4. 과장님이 중간에서 의견 교환 자리를 마련하도록 노력하길 바란다.

5. 데이터를 경량화 하는 기술을 개발하여 세계표준화를 촉구하고 있습니다.

6. マスコミに働きかける機会を得たのです。

7. こっちは絶えず積極的に働きかけているところです。

8. この研究は広く他社に働きかけていることが特徴です。

9. 新技術を開発し大手家電メーカに採用を働きかけています。

10. 効率が高まることから取引先への導入を働きかけてます。

[4] 身につける

1. 어린이에게 배우게 하고 싶은 것은 '안녕'과 '고마워'이다.

2. 기획력을 익히기 위한 자료를 첨부해 두었으니 참조하시기 바랍니다.

3. 연수에서는 각종 기계의 사용법과 기술을 익히는 실습을 시행한다.

4. 우리 회사는 부서 간의 연계가 매우 강하므로 폭넓은 지식을 배울 수 있다.

5. 실전에서 가장 배우고 싶은 것은 위기감이다.

6. 時間を守る習慣を身につけてほしいです。

7. 管理職になるまでに身につけるべき心構えは責任感である。

8. 大学では幅広い知識を身につけることをお勧めします。

9. 日本のビジネスマナーを身につけるのは時間がかかる。

10. 食育で身につけたい5つの力をご紹介します。

[5] ～わけではない

1. 당나귀가 여행을 떠났다고 해서 말이 되어 돌아오는 것은 아니다.

2. 인터넷 쇼핑은 실물을 보고 사는 것이 아니므로 불안합니다.

3. 일률적으로 도금처리가나쁜 것은 아닙니다만.

4. 아직 이것으로 준비가 모두 완료된 것은 아닙니다.

5. 이 회사가 도산한 것이 아닌데 왜 이렇게 싼 것일까요?

6. 企画そのものが悪いわけではない。

7. 他の財源があるわけではない。

8. 誰に頼まれたわけではないが、ぜひお願いします。

9. 決して人材がいないわけではない。

10. 金額が質の高さを保証するわけではない。

[6]

1. 점차 늘고 있는 인터넷 뱅크의 이용 동향에 대해 보고드리겠습니다.

2. 자기분석으로 점차 자신이 목표로 하는 것이 무엇인지 생각하게 되었다.

3. 점차 사원들의 외근은 줄고 고객이 내점하는 형태가 되었다.

4. 화선은 점차 모습을 감추었지만 체험회는 매년 개최되고 있다.

5. 소비자로부터 서비스재개를 요구하는 목소리가 점차 커지고 있습니다.

6. 商店街全体が次第に活気づいてきた。

7. 震災から次第に日々の暮らしが戻ってきた。

8. 地域住民の努力で次第にリピータが増えていった。

9. 秋も次第に深まり、肌寒い日が増えてきました。

10. 次第にチームの中に溶け込み、勝利に貢献した。

[7]

1. 새끼 원숭이가 귀엽다고 해서 절대로 먹이를 주지 마세요.

2. 스피드가 요구된다고 해서 대충할 수는 없다.

3. 한국에서 유행한다고 해서 중국에서도 팔린다고는 할 수 없다.

4. 제휴했다고 해서 그것만으로 비즈니스가 잘 되는 것은 아니다.

5. 업적이 늘고 있다고 해서 무계획으로 인재를 늘리고 싶지 않습니다.

6. 景気がいいからといって自然に物が売れるわけではない。

7. 日焼けしにくいからといって油断は大敵です。

8. 納期が迫っているからといってテストを省略してはいけない。

9. プロジェクトマネージャーは反対意見がないからとって安心してはいけない。

10. 研究開発の世界は規模が小さいといって不利とは言えない。

제14과

[1] のみならず

1. 지방 기업뿐만 아니라 새롭게 일본 진출을 검토하는 기업을 대상으로 합니다.

2. 컴퓨터뿐만 아니라 스마트폰에서 웹 컨텐츠를 즐기는 경향이 현저하다.

3. IT관련뿐만 아니라 여러분야의 매뉴얼 번역이 가능합니다.

4. 우리 회사는 대기업뿐 아니라 중소기업과도 업무를 전개하고 있습니다.

5. 우리 회사는 국내뿐 아니라 세계에서도 개척자와 같은 존재입니다.

6. 商品のみならずコミュニケーションデザインとして評価されています。

7. 世界中の個人のみならず、政府機関でご活用いただいております。

8. 韓国のみならず世界中から訪れています。

9. 新製品は新聞のみならず、テレビ番組でも報道された。

10. 専門知識のみならず幅広い教養が必要です。

[2] 直ちに

1. 다나카가 준비한 자료의 확인이 끝나는 대로 즉시 출발하겠습니다.

2. 해결책은 즉시 발견되지 않지만, 혼란을 확대시키지 않는 것을 최우선으로 해야 합니다.

3. 경비 스탭의 지시에 따르지 않을 경우에는 즉시 퇴장시킵니다.

4. 이번 조치가 바로 주가 회복으로 이어질지는 전망할 수 없습니다.

5. 모르는 메일이 도착했을 경우 첨부파일을 열지 말고 바로 삭제하기 바랍니다.

6. ご入金の確認が取れた日より直ちに商品を発送いたします。

7. ご指摘いただいた件、直ちに対応いたします。

8. 直ちに開封し、中身をご確認ください。

9. 直ちに損害賠償請求はできない。

10. その方法が直ちに成功につながるとは限らない。

[3] ～として

1. 프로젝트 매니저로서 실천해야할 행동을 가르쳐 주십시오.

2. 세계 최초의 전자시장으로서 전세계 증권시장의 모델이 되었다.

3. 비즈니스 매너는 사회인으로서 익혀 두어야 할 일반 상식이 대부분입니다.

4. 일본에서는 계절 인사로서 서중 문안과 한중문안이 있다.

5. 4월부터 영업소 책임자로서 다른 현에 전근하게 되었습니다.

6. 改善策としてどのようなことが考えられますか。

7. 新製品の特長として次のようなことがあげられます。

8. 彼は営業マンとして成功する可能性が高い。

9. 漢字の読み方を間違えると社会人としての教養が問われます。

10. 次は一般常識として知っておきたい内容です。

[4] 役に立つ

1. 다른 사람에게 도움되는 일을 하고 싶어서 지원했습니다.

2. 자바프로젝토와 UML프로젝트의 관계를 알아 두면 도움됩니다.

3. 카운슬링을 받아 보는 것도 마음 정리에 도움됩니다.

4. 컴퓨터에 같은 데이터가 있으면 문제가 발생했을 때 도움됩니다.

5. 자신을 질책하는 사고방식은 해결에 도움되지 않습니다.

6. ご指摘の多くは成績向上に役立ちました。

7. マニュアルは再犯防止にも役立ちます。

8. この場合はGoogleのイメージ検索が役立ちます。

9. 必ず貴社の経費削減のお役に立ちます。

10. この資料は役に立ちましたか。

[5] 尽くす

1. 최선을 다해서 사원이 기뻐하고 자랑스러워하는 회사로 만들겠습니다.

2. 어디까지나 다른 수단을 다한 다음 최종수단이 되어야 한다.

3. 희의에서 논의를 다해 신중히 판단하고 싶습니다.

4. 테러대책 훈련을 하는 등 테러대책에 만전을 기하고 있습니다.

5. 혼란이 퍼지지 않도록 대응에 만전을 다하고 있습니다.

6. 新製品の開発に最善を尽くしたいと思われます。

7. 危機管理に万全を尽くしております。

8. 環境整備に力をつくしたいんです。

9. 製品の改善に全力を尽くしてきました。

10. 防災に万全を尽くして国民の命を守る。

제15과

[1] ～向け

1. 어린이를 대상으로 자동차 제작과 지구환경에 대해 즐기면서 배우는 컨텐츠를 준비해 놓았습니다.

2. 저희 회사는 폴더폰 용 웹사이트 서비스를 11월 15일로 종료합니다.

3. 국내외 대기업은 일본용 스마트 스피커를 발표했다.

4. GM이나 혼다가 중국시장을 겨냥해 내놓은 모델의 판매가 증가했다.

5. 사이트운영자용 프로그램에 대하여 자세한 사항을 확인해 주십시오.

6. 「ご利用者向けページ」にログインするとユーザ情報の変更などが行えます。

7. その付近のベジタリアン向けのレストランをお教えください。

8. 子供向けの音楽ゲームアプリ開発に関心があります。

9. ワーキングママ向けのセミナーを開催します。

10. 障碍者向け支援技術を利用するなら無料でWindows10にアップデートできます。

[2] ～こなす

1. 이것은 초보자라도 잘 다룰 수 있는 것입니까?

2. 냉장고를 현명하게 다루면 전기세뿐 아니라 식비절약도 됩니다.

3. 익숙해지기까지 노력해서 잘 다루세요.

4. 지금 당장 따라할 수 있는 옷차림 힌트가 많이 실려 있습니다.

5. 최근의 유행을 타지 않는 옷차림 포인트를 소개해 드리겠습니다.

6. 新しいパソコンを完全に使いこなせていません。

7. これらの機能を使いこなせることが必須と言えます。

8. 機能が複雑すぎて使いこなせるには時間がかかります。

9. 最近はシンプルな着こなしを求める人が増えています。

10. デニムはいろんな着こなしができます。

[3] 注ぐ

1. 아동의 생활 개선에 힘을 쏟는 교육정책이 필요합니다.

2. 여러분 덕분에 긍정적인 기업활동에 전력을 쏟을 수 있었습니다.

3. 정치와 행정이 육아 지원과 복지 시책에 더 힘을 쏟을 필요가 있습니다.

4. 데이터와 노하우를 구사해서 신제품 개발에 정열을 쏟아 왔습니다.

5. 외국기업의 투자와 유지에 힘을 쏟게 되었습니다.

6. 親は子供に対して等しい愛情を注ぐべきです。

7. 震災対策は政府が優先的に力を注ぐべき分野です。

8. その事件は国民の怒りに油を注ぎました。

9. 他社にできない製品の開発に力を注ぐことにしました。

10. 本団休は環境問題に全力を注いています。

[4] 〜であれば

1. 같은 일이라면 정규사원이어도 비정규사원이어도 같은 금액을 받을 수 있습니다.

2. 부부 두 사람이 지내는 노후라면 가계의 지출은 현역세대보다 크게 내려갑니다.

3. 같은 대학끼리라면 취업활동을 유리하게 전개할 수도 있습니다.

4. 적외선 리모컨에 반응하는 가전제품이라면 컨트롤 가능합니다.

5. 옛날이라면 여성은 결혼과 동시에 퇴직하여 전업주부가 되는 일이 많았습니다.

6. 自営業の方であれば、その翌年も引き続き確定申告ができます。

7. 大学院生であれば文系、理系問わず研究に忙しいのが当然です。

8. パート主婦の年収が103万円以下であれば配偶者控除が受けられる。

9. もし必要であれば、ご説明しに伺うこともできます。

10. 健康であれば保険料が割引になる。

박영숙 ───

신라대학교 일어교육과 졸업
계명대학교 일어일문학과 석사 학위 취득
(일본) 동경대학교 국어국문학과 영구생
(일본) 동북대학교 국어국문학과 박사 과정 수료
(일본) 벳뿌 대학교 객원 연구원
부산대학교 일어일문학과 박사학위 취득

비즈니스 일본어

초판인쇄 2018년 3월 26일
초판발행 2018년 3월 26일

지은이 박영숙
펴낸이 채종준
펴낸곳 한국학술정보㈜
주소 경기도 파주시 회동길 230(문발동)
전화 031) 908-3181(대표)
팩스 031) 908-3189
홈페이지 http://ebook.kstudy.com
전자우편 출판사업부 publish@kstudy.com
등록 제일산-115호(2000. 6. 19)

ISBN 978-89-268-8390-7 12730